如何问，别人才肯说 如何说，别人才肯听

会说话就掌握了话语权。

说好一句打动他人的话，让你在任何时间、任何地点，面对任何人，都能获得你想要的任何信息。

刘琳——著

江西人民出版社
Jiangxi People's Publishing House
全国百佳出版社

图书在版编目（CIP）数据

如何问，别人才肯说；如何说，别人才肯听 / 刘琳
著. -- 南昌 ：江西人民出版社，2018.7
ISBN 978-7-210-10208-3

Ⅰ. ①如… Ⅱ. ①刘… Ⅲ. ①心理交往－语言艺术－
通俗读物 Ⅳ.①C912.13-49

中国版本图书馆CIP数据核字(2018)第028151号

如何问，别人才肯说；如何说，别人才肯听

刘琳 / 著

责任编辑 / 冯雪松

出版发行 / 江西人民出版社

印刷 / 固安县保利达印务有限公司

版次 / 2018年7月第1版

2018年7月第1次印刷

710毫米×1000毫米　1/16　14印张

字数 / 210千字

ISBN 978-7-210-10208-3

定价 / 42.00元

赣版权登字-01-2018-29

如有质量问题，请寄回印厂调换。联系电话:0316-6131037

美国石油大王洛克菲勒说："假如人际沟通能力也是同糖或者咖啡一样的商品，我愿意付出比太阳底下任何东西都珍贵的价格来购买这种能力。"可见，沟通有多么重要！

沟通能力是维护人际关系的基础，但凡成功的人，大都深谙沟通之道。沟通能力不是天生的，是后天培养和锻炼而成的。一个人只有掌握高超的沟通技巧，才是一个睿智的人，才能在人群中像一颗晶莹的珍珠一样发出夺目的光芒，如一枚圆润的碧玉般卓尔不凡。

在沟通的过程中，有的人通过提问，可以获得别人的帮助，而有的人却不能；有的人通过提问，可以获得谈判的成功，而有的人却不能；有的人通过提问，可以让朋友说出真心话，而有的人却不能；有的人可以让领导接受自己提出的建议，而有的人却不能。

谁都有提问和说服的能力，但是所收到的效果不同，为什么差别这么大？原因很简单，只因提问的方式和说服的方式不同而已，那么结果也就大相径庭了。

有一个有关说服的经典案例。

英国《泰晤士报》总编辑西蒙·福格当年在找工作时创造过神话。他走进总经理办公室，问："您这儿需要编辑吗？"对方头也没抬就拒绝了他。接着西蒙·福格又问："要记者吗？"总经理还是干脆地拒绝了他。西蒙·福格没有气馁，再一次问："那么排字工、校对工呢？"这时，总经理有些不耐烦地说："都不需要。"

"那么你们一定需要这个啦。"福格从包里掏出一块牌子，上面写着：额满，暂不雇用。总经理一看笑了。结果福格被留了下来，做报社的宣传工作。

拥有说服力很重要，这个典型的案例就充分说明了这一点。它能帮助你最快获得你想要的，达到你的目的，也能获得老板、同事和朋友的支持和尊重。

看完这个经典的案例后，相信大家都迫不及待地想要赶快翻开本书学习。

本书主要从提问与说服两个方面教读者如何成为一名优秀的沟通高手。本书的编写特点具有如下几点：

1. 翔实的提问和说服知识

本书共分两大篇。上篇讲如何问，别人才肯说，包括问题类型、试探对方真心话、促使对方深入交谈的提问技巧以及疑难问题和禁忌问题的提问技巧。下篇讲如何说，别人才肯听，包括幽默的运用方法、步步引导说服、委婉说服以及避免尴尬和处理拒绝意见的说服技巧。总之，本书提供了一套完整而系统化的沟通知识，教你在不同场合、时间，面对不同对象等时进行有效沟通；教你如何提出一个好问题，并得到有效的信息；教你怎样轻松地说服任何人，让对方听从于你。

2. 丰富而精彩的体例

本书通过分析历史上、生活中、职场上典型有趣的案例，将提问和说服的精练要点一一掰开揉碎，直白而通俗地展现在读者朋友们的面前。通过对"道"的理解，对"术"的掌握，对"心"的分析，来教会读者怎样练成一名优秀的沟通高手，在具有趣味性的阅读之中，理解沟通技巧的智慧与力量。另外，每章后都配备相关的心理测试，能够帮助读者们更好地了解自己，从而有针对性地提高读者们的沟通能力；每小节都配有与主题相关的名人名言、小贴士等栏目，便于读者们更好地理解和掌握。

3. 可操作性

本书中的提问技巧和说服技巧构成了沟通的整个过程，可适用于各行各业。相信读完这本书，会让你在人际沟通中受益很多。

尽管本书倾注了作者大量的心血，但也难免会出现一些纰漏，再加上每个人所面对的沟通情景总是会有细微的差别，所以在试图从本书中寻找高效的沟通秘诀时，请抱着包容的心态和灵活掌握的态度。最后，真心希望这本书能够给您的生活和工作带来积极的作用。

目录 CONTENTS

下篇 如何说，别人才肯听

上篇

如何问，别人才肯说

熟悉问题种类，避免胡乱提问

试探是否是真心话，这样问最有效

促使对方深入交谈的问题，才能让对方说得更多

疑难问题这样问，对方才愿意回答

禁忌问题要避开，以免激怒他人

第一章

熟悉问题种类，避免胡乱提问

　　提出问题，是一个系统运作的过程。就像我们精心归纳、安排的各种问题类型，都是为了在理解信息的过程中，能够拓宽和改善我们的思维方式和行为方式，用一种更聪慧的方法去分析和解读。

　　你所采用的问题种类，决定了你的提问风格，也影响着你获得的答案质量。一个优秀的提问者要理解问题的种类，知道在什么样的情景下使用什么样的问题，避免胡乱提问。

直接问题：得到有效信息，洞悉事物本质

> 越是错综复杂的问题，就越要根据简单的原理和朴素的思想进行判断和行动。我想这是拨开云雾见南山，直接洞悉事物本质和解决问题的最佳方法。
>
> ——稻盛和夫

在日常生活中，我们广泛采用的一种提问方式就是"直接问问题"。这是因为它简单明了，直截了当，也容易理解，既可以节省双方的时间，又不必费太多心思。当然，直接问问题也是需要一定的技术含量的：你必须明确你要表达的信息，保证语言尽可能地简短。比如：

"你是谁？"

"在会上发生了什么？"

"你什么时候到公司？"

通常，提出直接问题，得到最深层次的有效信息是记者、主持人的强项。

迈克·华莱士是美国最著名的新闻记者，同时也是著名节目《60分钟》的主持人。在其长达40年的主持生涯中，他采访过的著名政治人物和各界名流不计其数，并以尖锐辛辣而深入独到的采访风格为观众所熟知和喜爱。华莱士经常能够一针见血地问出让采访对象、观众印象深刻的问题。

有时，他能采访到一些名流政要很是难得，因此这些难得的采访机会就变得特别宝贵。为了让这些宝贵的机会发挥最大的作用，为了在有限的时

间内挖掘到最有价值的信息，华莱士在采访之前都会做大量的准备工作。所以，华莱士才能对美国前总统罗纳德·里根问出"一共有多少黑人参与了您的竞选过程"这样辛辣、直击要害的问题；还有对巨星芭芭拉·史翠珊提出"你为什么一直能够保持着你的魅力"这样切中粉丝心声的问题。

很多人会犯这样的错误，本来一个简明清晰的问题就可以得到你想要的答案，却用一连串的问题来代替，结果，回答者只是回答了一些不痛不痒的话，根本不是你想要的答案。

某大学生毕业后一直待在家里不去工作，有一天母亲忍无可忍，在饭桌上问："为什么最后一学期没出去实习，你都在忙些什么？为什么一直不回家？毕业后为什么一直不出去上班？"这个大学生沉默了一下，回答道："最后一学期同学都出去实习了，我有点不太适应。那时候聚会很多，和室友的，和同年级的朋友的，还有和一些老师的聚会非常多，两天一小聚，三天一大聚，而且我还要收拾一些衣物和资料，就没有时间回家了……"说完，不等母亲说话，大学生就丢下饭碗，回到了自己的房间。

这个案例中的大学生看似回答了一堆，其中却没有一句有效的信息。母亲其实就是想知道为什么儿子毕业后一直没有去实习，可是她并没有选择具体、清晰的问题，结果让儿子钻了空子，避重就轻地给出了敷衍的回答。可见，想要得到明确的、有效的答案，所问问题越直接、简单越好，这样让对方无法逃避，只能直接回答问题。

提问小贴士

直接问题具体的特点有：容易理解；意义明确，动机明确，目的明确；表示提问者想听到同样直接的回答；方便作答；显示关注和兴趣；代表对主题更多的控制；可能会让内向回答者感到压抑；对回答者施加压力。

间接问题：营造一种轻松的沟通气氛

> 创造始于问题，有了问题才会思考，有了思考，才有解决问题的方法，才有找到独立思路的可能。
>
> ——陶行知

在人际交往过程中，当面对一个已经发生的问题，不想表现得太不近人情，花时间去抱怨时，我们不如着手解决问题，这更为重要。有时，我们会考虑对方的性格，为了给对方营造一种轻松的沟通气氛，用间接问题提问就显得尤为重要。例如：

"我很好奇哪些因素让这个东西掉下来？"

"对于解决超预算，大家有什么办法吗？"

"有没有什么办法，能够减少我对化妆品市场的不确定感？"

"我真的找不到能预测这个公司规模的好办法。"（这个问题以陈述句形式出现，但实际是个间接问题）

我们接下来看一个案例。

王丽的丈夫老顾是一个大学教授，平时说话很严谨，讲究原则，一板一眼。王丽自己则是一家公司的金牌销售，很注意说话的技巧，说出的话总能让人如沐春风。他们都来自江苏，大学毕业后通过奋斗在北京扎下了根。有一天，一个年轻大学生老乡来做客，王丽夫妇热情地接待了他。王丽去准备饭菜的时候，嘱咐丈夫陪老乡好好聊聊。

这个年轻的大学生看起来有些拘谨，为了让他放松下来，老顾开始没话找话地问起了问题："你刚来北京吧？"大学生害羞地点点头。"咱们老家那边比北京热多了吧？"老顾继续问。"是啊。"大学生简短地回答了他，看起来还是很拘谨。老顾接下来又问了一些问题，大学生只好一遍又一遍地回答"是"。这时，王丽端来一盘水果，热情地招呼大学生吃水果，亲切地问："江苏那边现在建设得怎么样了？我和老顾很久都没有回去过了。"

听了王丽的问题，大学生的脸上泛起了异样的光彩，开始描述起老家的变化来。接着，王丽又问他对北京有什么感受，这一路有没有看见些趣闻，等等。大学生打开了话匣子，说着说着开始流露出年轻人活泼的本性来。

案例中的老顾提问太过直接、死板，说话又太过严肃，不但没有缓解大学生紧张的情绪，还加重了他的情绪负担，可见我们不仅要注重提问的内容，还要注重提问的方式。案例中的王丽就很注意说话技巧，看到大学生的拘谨状态，很亲切地问了一些使人轻松的问题，让大学生的拘谨一扫而光，打开了话匣子。

李程程大学毕业后成为某家科技公司的员工，他对自己的能力很有信心，但是性格比较内向，唯一担心的是不知能不能与公司的同事处好关系。工作一段时间后，李程程发现自己的担心是多余的，因为他的上司是一位非常善于提问的人。

上司在提问时非常热情、诚恳。有一次，在问李程程能不能按时完成任务时，上司说："能不能按时完成任务？"李程程回答："能。"上司又问："你这么年轻力壮的小伙子，声音这么低，大声告诉我，能不能按时完成任务？"李程程大声说："能！"上司说："这才对嘛，我相信你的能力，你一定能够把工作做好的，对不对？"李程程大声说："对！"就这样，李程程的积极性被调动起来了，后来，他成了公司的核心员工之一。

案例中李程程的上司是个善于提问的人，懂得向性格内向的李程程提出什么样的问题，而且上司在提问时总是保持着热情和诚恳，感染和鼓励着李程程向积极的方面发展。

因此，我们要知道，内向者比较敏感，提问者向他们提问时要多使用间接问题，给沟通一个轻松的气氛，同时说话语气要注意柔缓、诚恳，不要太过生硬。

提问小贴士

以"我很好奇……"开头的问句，是可以借鉴的很好的表达方式。

开放式问题：发挥回答者的想象力

生活的智慧大概就在于逢事都问个为什么。

———巴尔扎克

开放式问题最大的好处就是不受限制，能使回答者的想象力得到充分的发挥，向与问题相关的四周延伸。问题多了，思考就多，就能让对方延伸自己的想法，促成自省或者寻求解决问题的方法。同时开放式问题不仅有利于拉近提问者和被问者的关系，而且能让对方多谈自己，这样就有利于提问者搜集信息。

提出开放式问题，并不是为了得到"是"或"否"的答案。这类问题的提出，恰恰避免了用"是"和"否"作答，因为它们通常只提供一个没有太多限制的大体方向。比如：

"你认为我们的对手将来会来自哪个领域？"

"你怎么看这个问题？"

"请解释一下原因。"

在生活中，我们常常见到父母批评孩子"你怎么这么不听话""是谁让你这样做的"等。这种问法其实是不对的，通常孩子听到父母这样的话，心里会非常抵触，因此难以达到教育孩子的目的。那么，父母怎样提问才能让孩子自省并改正错误呢？

假设孩子在学校打伤了同学，父母可以这样问：

"你是不是很崇拜英雄呢？"

"是的。"孩子回答。

"那么你觉得怎样才算是英雄呢？"父母接着问。

"拥有超能力，有正义感，帮助弱者。"

"那么，你觉得你自己是英雄吗？"

"是。"孩子大声回答。

父母又问："那我怎么听说你打伤了同学，这是英雄的行为吗？"这时孩子往往就会反省自己，意识到自己的错误行为，并主动改正错误。

在工作中，精明的领导善于使用开放式问题引导下属。

有一个公司的李主管对下属说："我知道在一定时间内完成这项任务对你来说很困难，有什么方法能让你做到呢？"

下属回答说："如果公司在人力、物力等资源上支持我，那么我就可以在规定时间内完成这项任务。"

李主管问："你知道公司有很多任务，所以我不能给你过多的支持。"

"不会太多的。"

这时李主管继续问："那好，除此以外，还有什么办法吗？"

"我觉得可以找一个兼职，代理记账，这样我就能节省不少时间了。"

"这个办法不错，还有吗？"李主管及时鼓励，并让下属进一步发散思维以找到解决问题的办法。

"PPT可以简单一些，只要把主要内容表达出来就好了。"

李主管说："既然如此，为什么不这样做呢？"

这个案例中的李主管善于提出开放式问题，让下属展开自己的想象，延伸自己的想法，最后从中找到解决问题的办法。很多高明的管理者往往不会主动教导下属应该怎么做事情，而是通过提问让下属自己想办法。这种方法能够让下属快速地成长起来。

与人交谈，忌讳的是一开始就用封闭性的提问与对方交流，这样很容易切断后面的谈话，造成尴尬的场面。聪明的做法是采用开放式提问，让对方在一个开放的空间里自由发挥。

情景1：

A："今天是个好天气，不是吗？"

B："喔，是的。"

A："去钓鱼吗？"

B："去。"

A："去哪钓鱼？"

B："不知道。"

情景2：

C："今天天气不错啊，你有什么打算呢？"

B："我觉得今天很适合钓鱼，打算去钓鱼，一起去怎么样？"

C："好主意，我也正有此意，你准备去哪里钓鱼呢？"

B："我确实想到了一个好去处……"

……

在生活中，一些人经常抱怨与人交谈不知道谈什么话题。其实，可选择谈论的话题有很多，只要你善于使用开放式问题，就很容易找到对方感兴趣的话题，然后与对方谈下去。

提问小贴士

开放式问题的特点：通常会被积极对待；促成既有广度又有深度的参与；能够涵盖很大的范围；能够将一件事完整地说清楚，因此不太可能错过重要细节；对控制和专注主题提出更高的要求，保持高效对话难度加大，尤其在时间紧迫时。

封闭式问题：缩小话题范围，容易回答

> 　　一个人如果从肯定开始，必以疑问告终。如果他准备从疑问开始，则会以肯定结束。
>
> 　　　　　　　　　　　　　　　　　　　　　　　　　　　　——培根

　　我们经常在电视上看到政治人物举办记者会，记者经常问"关于教育，您觉得如何？""关于福利，您觉得如何？"或者在谈话性节目中，主持人常问的一句"关于这件事情，您觉得如何？"这样的问题，坦白地说，非常笼统含糊，根本搞不清楚究竟要问什么。从回答者的角度看，这样的问题实在是难以回答。

　　中央电视台著名主持人敬一丹曾到石家庄签名售书，活动完毕接受记者采访，一个记者问："你如何看待中国目前的新闻舆论监督作用？你怎样处理生活和事业的关系？"敬一丹听后回应说："你的问题太大了，恐怕我回答不了。"结果这位记者好不容易获得的提问机会就此溜走。

　　这个记者将难得的采访机会浪费在这两个空洞泛泛的问题上，未免太可惜了。作为一个提问者，千万不要笼统、泛泛地去问问题，而要注意一些提问的技巧。

　　图书馆等地方设有的意见箱，通常放着一叠纸和几支铅笔，希望人们能够填写意见，问题多是"关于图书，您有什么看法呢？"等。由于问题笼统，让人不容易回答，所以提意见的人少之又少。如果我们把意见表的内容改成"您对于图书的管理是否满意呢？"等类似封闭式的问题，就能让人产生想回答的意愿。

一般情况下，封闭式问题是同直接问题相辅的提问工具。有时候，也与其他类型的问题一起使用。使用这种问题提问时，对方回答的范畴会比较窄，答案比较明确、简单；此外，一般是为了缩小话题范畴，收集比较明确的需求信息等，针对具体问题和细节提出的问题。比如：

"今天早上你几点到的办公室？"

"谁负责这个项目呢？"

"你的答案是什么？行还是不行？"

"你是用什么方法解决这件事情的？"

"你们团队是用团体投票的方式来做决策的吗？"

又如，你问领导加薪的问题，可以这样说"我已经在这个岗位上积累了好几年的经验，当我完成这个项目后，是否就可以升职加薪了？"领导听到这样的问题，一般都会同意加薪的。如果你这样问"我究竟什么时候可以加薪呢？"领导听后一般会先考虑考虑再答复你。

迈克在威特公司工作过三年时间，正是这三年的时间让他学到了很多有用的东西，成了一个真正优秀的商务人才。他曾经多次回忆说，在威特的岁月里，他学到的最重要的技能，便是如何问出更好的问题。

商务谈判开始的前一天，谈判双方代表为了了解彼此，要举行一个小型的聚会，双方中有认识的人还要寒暄一番。在迈克参加过的商务谈判中，他曾多次利用这个小型聚会的机会去获取有用的信息。有一次，迈克的团队正与对方的谈判代表参加聚会的时候，想不到还没一会儿，迈克的助理就垂头丧气地回来了。助理无奈地告诉迈克，对方守口如瓶，并没有透露什么有用的消息。听了助理的回答，迈克微笑着问他，对方是否真的什么也没说。助理摇摇头，说他的朋友只说了"很复杂"这三个字，再没提到什么别的。

迈克沉吟半晌，问助理究竟是怎么问的。助理回答说，他直接问对方他们团队究竟是怎么做决策的。迈克便笑起来，原来助理的询问技巧是这么愚笨不知变通，难怪他没有获得任何有用的信息。

"你问得太笼统了，对方当然不会回答你。你为什么不问得具体些呢？比如：'你们团队是用团体投票的方式来做决策的吗？'这样子你才会得到你想要的答案啊。"迈克的话使助理茅塞顿开。

迈克的提问技巧是值得我们学习的。通常提出一个封闭式问题，可以避免我们在无用的沟通中打转，直接将话题引向我们心中想要知道的答案。

从以上两个案例中我们知道，封闭式问题可以让对方提供一些关于他们自己的信息。尽管封闭式问题有着明确的作用，但是如果单纯地使用封闭式问题，就会导致谈话枯燥，产生令人尴尬的沉默。如果不停地提出封闭式问题，对方就会觉得自己像在接受审问。所以，我们在使用封闭式问题提问时要注意这一点。

提问小贴士

封闭式问题的特点：保持聚焦主题，不给离题一丝机会；用于调查、检验、具体讨论、事实确认以及需要了解细节的任何事；用于防止模棱两可的回答；缩小讨论范围。最后，封闭式问题不能滥用，否则细节太多，不容易找到主题。

总结性问题：确认信息，以免判断有误

你询问一个问题，但这个问题同时包含了一些总结性信息，旨在通过总结，重新"审视"这个问题，以获得对方更加明确的回答。

——吉米·派欧

总结性问题是对原先材料进行判断，然后马上做出决定性总结，如果没有总结清楚，就不会与对方的思想保持在一个水平线上，对方可能会反驳，说"我是这个意思吗？"

下面案例中的里昂就善于使用总结性问题与客户交谈。我们一起来看一下。

里昂是一名汽车销售人员，主要销售的是跑车和豪华型汽车。

一天，有一对年轻的夫妇过来看车，对里昂说："能不能试驾其中的一辆豪华汽车？"

"请问，您开车的主要用途是什么？"里昂问。

"上下班时使用。我们在同一幢大厦工作。"女士说。

"汽车对你们来说还有别的用途吗？"

"周末去看望我的父母。大概就这些了。"她停顿并接着说，"他们住得离我们有上百公里远。"

"你们为什么认为豪华型汽车是最好的选择呢？"

这时，这对年轻夫妇交换了一下眼神。然后，女士的丈夫说："我们非

常喜欢这种类型的汽车。"

"您最爱的颜色是什么呢？"里昂直接看着女士问。

"红色。"

"我们这里正好有一款，看，您刚才提到喜欢红色的、豪华型汽车，这辆车符合您的预期吗？"（总结性问题）

这对夫妇又交换了一下眼神，男士说："我们想要一个稍暗点的颜色。"

"您为什么觉得豪华型的是最适合你们的选择呢？"（总结性问题）

"我爸爸说这种类型的汽车跑在路上是最安全的。"女士说。

于是，里昂断定，在保证安全的基础上，他们可能比较在乎价格，所以适时地给点折扣或优惠或许会成交。

案例中里昂通过总结性问题知道了这对夫妇想要这么一辆汽车，而不仅是因为看中它的外观。案例中共出现了两个总结性问题：第一个是通过这对夫妇的描述，对他们的需求进行了大概的总结；第二个是对之前的话进行总结并重复确认重要信息。因为里昂想知道他们是否比较关注汽车的外表以及价格，认为贵就会好，还有没有其他更多经验。

提问小贴士

有些人对这种总结式问题感到不舒服，如果处理不好，就会被人认为是对他们的一种冒犯或怠慢。所以，恰当之时，重新组织你想重复的问题，并且轻柔、恰如其分地将它置于你们的谈话之中，比如在介绍对方感兴趣的产品特征时，或者其他人要讲到这个问题时，你可以顺势接过话茬，然后重复你的问题，这样就会得到更好的效果。

诱导性问题：用问题当诱饵，影响他

正是问题激发我们去学习，去实践，去观察。

鲍波尔

诱导性问题常常是作为战略的一部分出现的。通常提问者会问："你因为撒谎而被人抓住把柄，曾经感到难堪和羞耻吗？"这个提问其实更像一个诡计，给回答者设下一个圈套，产生有利于提问者的回答。这是提问高手为了让对方回答他所期望的答案时，故意扭曲问题，引导对方给出对自己有利的答案。比如：

"昨晚你和他在一起待了多久，都干了些什么？"（昨晚你和他在一起）

"你到深圳去过几次了？"（你去过深圳）

"你八月中旬在海南待了几天？"（你八月中旬去了海南）

"你×月×日到西门商店找谁？"（你×月×日去了西门商店）

美国一所知名大学的教授做过一项实验，讲述某个故事给175个人听，然后谎称要做记忆测验，问大家有关故事内容的问题。不过提问时，他故意用"违背事实的陈述"提问。

例如，故事中明明没有"兔子吃掉红萝卜"的内容，但提问者假装不知情地问："兔子吃了什么？红萝卜？还是莴笋？"结果90%的人都在两者间择一作答。只有10%的人能够正确回答"兔子什么也没吃"。由此可知，对方的反应会受到所提问题的影响。

提问高手为了得到他想要的答案，会利用诱导性问题，把"答案"藏在

"问题"里。有这样一个小测试，一位大学教师曾让99名大学生观看了10分钟的迪士尼电影，然后问大家："麦克雷摔倒时，胳膊流血了，对吧？"结果，大部分人都会回答："没错，是胳膊。"实际上，麦克雷的胳膊根本没有流血，由于他人刻意"植入"，我们也就不自觉地接受了。

如果你希望对方按照自己的想法回答，在提问时就要将你希望从对方口中引出的答案植入你的问题中。因为我们的大脑是不精确的，只要被技巧性地植入特定内容后，便会开始偏向与其一致的方向。我们知道了这个道理，就能轻易地改变对方的思想。

比如，一对夫妇正在想方设法阻止他们上高中的孩子去参加今晚的同学聚会。妈妈说："如果你今晚出去玩，明天你的英语测试该怎么办？"仅仅通过"因果关系"的诱导性问题，她的提醒可能会多多少少地植入正处于青春年少时期爱玩的儿子心里。

一点点加强的效果，可能会使儿子心中那颗谨慎的心慢慢萌芽，他会想：还记得上次狂欢一夜后，隔天的重要考试出现什么糟糕的结果吗？这便是"原因和效果"的诱导作用。

又如，你的老板说："你会来参加我们的员工会议，对吗？"这是一个稍带恐吓味道的问题，因为他已经给了你一个诱导性的回答。如果并非恐吓性的，他会非常和缓地问："你不想来参加我们的员工会议，是有其他重要原因吧？"

因此，提问时，要想对方回答你想要的答案，要使用诱导性问题进行提问。

提问小贴士

诱导性问题：用于产生你想要的答案；常用于希望得到他人的认同，即使对方是不顺从的人；能使本无意下结论的一些人很快得到结论；引导决定；可被用于减少争论；会推动其他可代替的意见或未被考虑过的理念；会让回答者或其他与会者感到虚伪。

假设性问题：让对方设身处地地思考

> 思维的换位思考就是站在他人的角度思考问题，从而真正地理解他人的观点。这要求我们准确地再现他人的观点和推理，从他人的前提、假设和观点进行推理。这一特质要求个体积极回忆自己坚持错误的情况，也要求个体有能力辨别在当前情况下可能会犯类似的错误。
>
> 引自《批判性思维工具》

美国家喻户晓的主持人、有"世界最负盛名的王牌主持人"之称的拉里·金在自己的自传里提到了一件邀请副总统丹·奎尔做节目嘉宾的事，他采用了一个假设性的提问。

我记得有一次副总统丹·奎尔来我的节目做嘉宾。奎尔是反对堕胎的。我问他："如果有一天您的女儿抛给您那个让所有父亲都害怕的问题，您会怎么处理？"

"我会为她提供建议，和她交谈。"丹·奎尔回答说，"并且支持她做的任何决定。"

第二天，新闻头条用大号黑体字写着"丹·奎尔会支持女儿堕胎"。

拉里·金在自传里表示，并不是想让他难堪，只是想让他设身处地地思考一下这个问题。假设性问题会强迫一个人去思考。很多政客不愿意回答假设性问题也正是因为假设性问题会迫使他们不得不换一种方式思考问题。

用假设性的问题提问，目的在于迫使对方换位思考。面对一个观点与人相左又比较固执己见的采访对象，如果正面提问和旁敲侧击都不能起到任何作用，对方不愿意改变自己的观点，也不愿对个人观点做出比较深入的解释，那么试着用假设性的问题提问会打开缺口，获得意想不到的答案。

我们再看下面的两个对话。

对话1：

A："真不明白，为什么大家都着急考驾照！我就不考，着什么急呀！"

B："难道你不学吗？不要只说风凉话。"

A："我不学！"

对话2：

A："真不明白，为什么大家都着急考驾照！我就不考，着什么急呀！"

C："假设考驾照要加科目了，难度会加大很多，而且还会涨价不少，你学不学？"

A："那肯定学啊，早晚都要学的嘛！"

C："这就对了，据我所知，考驾照要加科目、加难度、加学费，年底就要实施了，所以赶紧学吧。"

对话1中的B采用的是直接提问，没能问出A对学驾照的真实态度。而对话2中的C采用的是假设性提问，一下子就试探出了A的真实想法。可见，假设性提问的方法非常有效。

除了试探别人的真实想法，你还可以使用假设性问题实现很多，比如，检验战略，从相反的角度思考，在没人有异议时自我反对，给小众意见更多空间，等等。

在销售过程中，优秀的销售人员懂得如何使用假设性问题，以提高他们的业绩。

假设销售人员的产品最终能带给客户的利益点是可以节省他们的某些成本开支和增加他们的某些利润，那么在一开始接触客户时，销售人员可以直接问："您好，如果我有一种方法能够帮助您每月提高2000元的利润或节省2000元的开支，请问您有兴趣抽出10分钟的时间来了解吗？"使用此种问句方式，能让客户给你一个机会，开始介绍你的产品。而当介绍完你的产品之后，你只要能够证明产品或服务能够达到当初所承诺的效果，那么这个客户就不会说他没有兴趣。

或者你可以问："假设我有一种方法可以帮助你们公司提高20%～30%的业绩，而且这一方法经过验证之后真正有效，您愿不愿意花几百元钱来投资在这件事情上面呢？"在这种情况下，如果客户的回答是肯定的，那么接下来你所要做的就是很简单地去验证你的产品和服务是否能帮助客户提高他们的业绩，那么自然而然地他们就能够做出是否购买的决定了。

在产品销售过程中你要找出最常见的客户抗拒点，可以使用假设问句法来询问你的客户。例如，你所销售的是健康食品，而一般客户可能最常见的抗拒点是怀疑产品的有效性，那么你可以一开始就问他："如果我能证明这一产品真的有效，您是不是会有兴趣购买呢？"使用这种假设问句法，让客户自己回答说："只要……我就会买。"让客户自己做出承诺。那么之后，只要你能证明产品是有效的，客户购买的意愿自然就会增加。任何一位客户都不能被别人轻易说服，能够说服他的只有他自己。

提问小贴士

假设性问题的特点：突破讨论局限；用于激发创造性思维；鼓励新观点的加入；是充分思考设想方案的方式；可以让你检验讨论中的观点，而不用直接持反对意见。

停顿：更好地表达你的观点

> 沉默带给你的好处有很多，摆低姿态，变得谦虚，换言之就是隐藏你的聪明。越聪明的人越懂得沉默，就像成熟的稻子，垂下稻穗。
>
> ——洛克菲勒

想要引出更多信息时，作为最有效的工具之一——停顿，可以用于代替或辅助问题。每当喜剧演员要抖出一个包袱时，常会做一个停顿。在要引出问题时，停顿也可以产生一样的效果。

请看下面这个故事。

一个阳光灿烂的午后，一位先生穿着拖鞋走出了家门，他要去给花园里的草坪浇浇水，可是这时突然刮来了一阵大风，房门自动关上了，把这位先生锁在了外面。万般无奈之下，这位先生只好请邻居找来锁匠开锁。

锁匠看了看锁说："价钱嘛，您的锁……55美元吧。"这位先生一听，暗叫糟糕，因为自己身上并没有这么多现金，不过转念一想，倒是可以先和邻居借一下。锁匠看到他不吭声，以为自己要的价钱太高了，于是退了一步说："好吧，好吧，您给50美元就好了。"

先生有点惊讶，又没作声。锁匠犹豫了一下说："现在是晚饭时候了，应该算加班呢，不过就算你45美元好啦。"

其实这位先生根本不知道行情是多少，但是已经看出了其中的门道，于是趁机说："40美元！"锁匠摸了摸额头，说道："好，不过你得给我现金。"就这样，这位先生用"沉默"少付了15美元。

听完这个故事，我们一定会想到一个词——沉默是金，而停顿的最直接表现形式就是沉默。在语言交际中，适当的停顿不仅可以避免产生误会，而且在某些特定的语言环境中，还可以帮助表达者更好地表达自己说话的重点，"此时无声胜有声"便是对停顿所带来的效果的最好的描述。

为什么说话需要停顿呢？

一位成功的演说家在总结自己的演讲经验时这样说："我多次告诉我的学员们，在说话时要善于运用停顿的技巧，因为作为一个演讲者，如果你不断地说话，会让听众产生疲劳，他们的耳朵和大脑都无法接收到有效的信息，那么你的演讲就是毫无意义的。相反，如果你在演讲的过程中适当地停顿，听众会十分好奇，这有利于你接下来的观点的陈述。为此，我还让学员们在每页纸上只写一句话，然后读一句，翻一页纸，让他们体验停顿的妙处。"

我们写文章时为了让文章的意思表达得更清楚，让文章更有魅力，需要用标点符号将不同的句子、词语隔开。在说话时也是同样的道理，适时停顿，可以让你的话更有节奏，更有含金量。那些成功的演讲家正是在演讲中恰当地使用了停顿，才获得了更好的演讲效果。

美国苹果公司的联合创办人乔布斯是商界的戏剧表演家，也是驾驭"停顿"的高手。在一些重要的产品发布会上，每当乔布斯在到一个紧要关头之前，总是会沉默几秒钟。比如，在发布一款笔记本电脑时，他这样说："今天，我们将向大家推出第三类笔记本电脑。"之后，他停顿几秒钟，然后接着说："它就是所谓的MacBook Air系列。"接着又是几拍的停顿，之后爆出一句："它是世界上最薄的笔记本电脑。"这句话讲完，台下为之癫狂，经久不息的掌声回荡整个会场。

乔布斯用停顿的艺术先成功吊起了听众的味蕾，然后留给自己足够的时间去自由、准确地诠释自己想要表达的思想和信息，这样卖足了关子，观众定会买账。

由此可见，停顿就是卖关子或者说话适当地停顿。比如，你和你的好友正在闲聊，突然你停了下来，然后告诉他"我要告诉你一个秘密"，这时你的朋友一定会竖起耳朵认真听，因为他们会觉得接下来的事情十分重要。

那么，我们应该如何恰当地使用停顿呢？

首先，我们要准确把握不同语境下停顿的内涵。比如，停顿可以表示默许，又可以表示保留己见；既可以表示犹豫不定，又可以表示对达到某种目的的坚决态度；既可以表示抗议、愤怒，又可以是惭愧、心虚的表现……所以在使用停顿之前，我们要想好自己的停顿是要表达什么含义。

其次，要正确把握时机。一方面要注意不能滥用停顿，比如，不分场合故作深沉、高雅而滥用停顿，会让人觉得是在矫揉造作。另一方面，停顿的时间长短要适度。比如，停顿的时间太短，听众来不及反应，等于没有停顿；停顿的时间过长，听众就有充足的时间为接下来的高潮做好准备，你强调的话反而会变得平淡无味。至于停顿多长时间，则要根据你说话的内容、目的、对象以及场合而定。

停顿的时候要恰当地辅以其他态势语言。比如：以"目"说话，目中传情；以"表情"说话，或严肃，或喜悦，或忧伤，或愤怒；以"感情"说话，通过举手、投足、坐相、站姿传递信息。

提问小贴士

停顿应该用在一个陈述之后，这样能激发人们参与到交谈之中，这个陈述实际上在为一个问题做铺垫。比如，"那么，让我看看我是否理解了你的建议。如果我们提供硬件设施，第一件要做的应该是（停顿）……"

第二章

试探是否是真心话，这样问最有效

我们常说："人心难测，海水难量。"一个人的内心是最复杂的，我们很难探索到。在与人沟通时，要想探索人的内心，发掘人内心的秘密，就要懂得如何提出问题。

问题是我们探索世界的钥匙，也是我们探索人内心的钥匙。能巧妙地运用提问技巧，是实现与人有效沟通的第一步。海森堡曾说："提出正确的问题，往往等于解决了问题的大半。"因此，要想让对方说出真心话，获得你想要的答案，就必须掌握有效的提问技巧。

消除戒心，突发提问

> 对自己抱有兴趣的人使我们感兴趣。
>
> ——西拉士

有这样一个有名的测验：

有一名罪犯在夜间作案时，将一支蜡烛插在一个牛奶瓶内照明进行盗窃。在被拘捕后拒不交代事实经过，于是警察便命令他做联想测验。

开始，警察说出一个词，然后让他立即回答所想到的另一个词。开始时，警察先用一些无关的词，比如：说"天"，对方答以"地"；说"父亲"，答以"母亲"；说"鲜花"，答以"草地"；说"黑"，答以"白"；说"巴黎"，答以"纽约"；等等。然后警察突然提到"蜡烛"，这名盗窃犯立即答以"牛奶瓶"。就这样，警察通过该测验最后侦破了这件盗窃案。

这是利用自由联想测验来进行刑事侦查的一个典型例子。这种方法之所以有效，是因为在被试者进行迅速联想时，往往会暴露出内心隐藏的思想。

进行这种自由联想测验，首先要使对方的心理放松下来，然后进行突发提问。通常来说，正在说谎或准备说谎的人一定会事先把自己的内心武装起来。如何除去对方内心的武装，卸下对方的防备心理，不但是突发式提问的前提，也是揭穿其谎言，让对方说出真相的关键。

在生活中，这种语言技巧也有被成功运用的例子。比如，销售人员在突破客户的戒备心理时，往往就会采取一些类似自由联想的技巧。

美国纽约市中心有一家豪华的大饭店。这里陈设考究，住房舒适，菜肴尤其美味可口。每天都是宾客满座，需要消耗大量面包。这天清晨，刚从国外考察回来的经理，风尘仆仆地来到饭店处理事务。刚步入大厅，就被等候在那里的杜维诺先生喊住了。

"经理先生，我想耽搁您几分钟时间，谈谈关于……"杜维诺先生经营着一家高级面包公司，他一直想把面包推销给这家大饭店。四年来，他经常主动登门谈生意，或给经理打电话，但都遭到了拒绝。

"杜维诺先生，关于面包的购买问题，我们已经讨论过好多次了。本店已经有了充足而良好的供应，所以……"

杜维诺赶紧解释："经理先生，在您出国期间，我已住进了贵店，现在我是您的顾客！"

"谢谢光临，尽管如此，我还是无意购买贵公司的面包。"经理说罢就要走。

"经理先生，您误会了，我并不想谈面包的销售问题，而是想求教'旅馆招待者协会'的一些事项。"

一提到"旅馆招待者协会"，经理立即容光焕发了。他是这个组织的主席，十分热衷于它，并引以为荣。他笑着说："想不到杜维诺先生对'旅馆招待者协会'也有兴趣。"

"岂止有兴趣，简直是崇拜之至。"杜维诺回答道。于是，他们进入小客厅，亲切地交谈起来。

原来杜维诺向这家大饭店屡次推销面包，总是一无所获，他就向一个朋友去请教。那个朋友告诉他一个"妙方"，要他关心饭店经理近期热衷的是什么，以设法投其所好。于是，他就住进了这家饭店，经过详细调查，终于了解到这位经理的兴趣和爱好所在。此时在小客厅里，两个人谈得非常投机，杜维诺对"旅馆招待者协会"的宗旨、组织、计划、活动等有关细节了如指掌，谈得头头是道。不仅恰到好处地渲染了经理对这个组织所起到的作用和贡献，还夸大其词地展望着这个组织的发展前景，描绘着一幅美好的蓝图。最后，还不无遗憾地表示："可惜我不经营旅馆业，否则，我将是这个组织的一名积极的成员。"

经理深受感动地说："本组织积极的成员从来不会嫌多。其实先生所从事的事业与我们的协会也是有联系的。"

当然，经理所谓的这种联系极其勉强，即使他作为主席也无法改变协会的宗旨。不过，他还是想出了一个办法，"卖"给杜维诺一张会员证，让他冒名顶替来当一名"积极的成员"。

这次谈话虽然连一点面包屑都没沾上边，但没隔多久，杜维诺先生再次询问合作的事情，经理一口就答应了。最后，杜维诺先生接到了那家大饭店大宗面包的订货单。

这种从双方的共同话题入手，其实就是运用了自由联想的技巧，可以让对方消除戒心。案例中的杜维诺先生就是从经理的兴趣入手，迅速接近对方，使对方放松了戒备与警惕，然后突发提问合作的事情，很容易就实现了成交。因此，要想消除戒心，让对方说出真话，不妨从对方的兴趣入手，然后突发提问，沟通会很顺利。

提问小贴士

正如西拉士所说，"对自己抱有兴趣的人使我们感兴趣"，从对方的兴趣入手，使双方的关系融洽，对方才能消除戒心，为你后来的提问打下基础。

单刀直入，问出对方的深层需求

> 现代科学，面广枝繁，不是一辈子学得了的。唯一的办法是集中精力，先打破一缺口，建立一块或几块根据地，然后乘胜追击，逐步扩大研究领域。此法单刀直入，易见成效。
>
> 王梓坤

单刀直入就是提问者开门见山，直接提出自己关心的问题，让对方回答。单刀直入的优点是简洁直接，爆发力、挤压力强。在央视《焦点访谈》《新闻调查》的一些报道中，记者常常会单刀直入，直接向采访对象抛出尖锐的问题。

比如，在"非典"期间，记者采访时任某市市长。

记者："我们眼里看到的是一个很镇定的市长，一个很坚定的市长，但另一方面我们也看到北京市感染的人数在上升。"

市长："这个传染病有它一定的规律吧，我觉得这个事情，我刚才说了，谁去预测这个数字，在当前这个条件下，都近乎一种赌博，是危险的，但是说实在的，我们也在分析，并不是没有底数的。"

……

记者："您的表态，您的言行都很容易让我想到您在海南说的一段话——我来海南的时候告诫自己，千万不要急，不要急，如果急就比较会出大错。现在您是不是有点急啊？"

市长："所谓不急，在这种事情面前是不可能的，但是，最终在决策的时候要注意，就是在最后一拍的时候，恐怕要再三提醒自己，不要急。在办事的过程中非急不可，这是什么事啊？！"

于是，在记者的单刀直入的提问下，市长说了很多相关的话，而且回答的都是记者想要得到的信息。接下来我们再看下面的案例。

门铃响了，一个衣冠楚楚的人站在大门的台阶上。当主人把门打开时，这个人问："家里有高级的食品搅拌器吗？"男人怔住了，这突然的一问使他不知怎样回答才好。他转过脸来和夫人商量，夫人有点窘迫，但又好奇地答道："我们家有一台食品搅拌器，不过不是特别高级的。"销售员回答说："我这里有一台高级的。"说着，他从提包里掏出一个高级食品搅拌器。接着，不言而喻，这对夫妇接受了他的推销。

假如这个销售员换一下说话方式，一开口就说："我是××公司的销售员，我来是想问一下你们是否愿意购买一台新型的食品搅拌器。"你想一想，这种说话的推销效果会如何呢？估计，早就被主人一口回绝了。

案例中的销售员采用了单刀直入的问法，直接针对顾客的主要购买动机，开门见山地向其推销："家里有高级的食品搅拌器吗？"让对方措手不及，然后"乘虚而入"，最终成功销售出一台食品搅拌器。

在与人交谈的过程中，我们要想问出对方内心深层次的信息，单刀直入就是一种不错的提问方法。说话本来就不是一件简单的事，做到有效提问，不说废话，更是十分不易。不过，如果你在提问时经常坚持以下几点原则，你会发现你的提问越来越有价值。

1. 提问前要了解提问对象

在提问之前，你要观察一下提问对象。如果对方是一个性格豪爽的人，你不妨长刀直入，把问题豪爽地摆出来；如果对方性格内向，你就应该注意提问的言辞。比如，你向客户推销一件商品，对于性格豪爽的人你应该这么说："伙计，这家伙的性能还不错吧，您觉着呢？"而对于性格内向的人应该说："您觉得我们的商品怎么样？"

2. 避免言语浅薄

我们发现很多提问之所以是废话连篇，是因为提问者的问题太过浅薄、简单，甚至是一些不用思考，直接就能给出答案的问题。比如，"茶壶响了，是水开了吧？""天气预报说今天有雨，看这天气，是要下雨吧？""你喜欢运动吗？"等等。如果不能确定自己的提问是否是废话，可以问自己这个问题，看自己是怎么回答的。

3. 注意提问的表述方法

一个保险推销员在向一位女士推销保险的时候这样问："您是哪一年生的？"结果这位女士十分生气，起身走了。这名推销员吸取了教训，当他向另一位女士推销保险的时候，他这样说："在这份登记表中，要填写您的年龄，有人愿意填写大于21岁，您愿意怎样填呢？"这次，推销员成功地把保险推销了出去。

由此可见，在提问题的时候，一定要注意表述方法，注意自己的言辞。

4. 善于运用肯定句提问

在洽谈时，要善用肯定句式提问，如"你已经……吗？""你有……吗？"或是把你的主导思想放在一句话的末尾，用提问的方式表达出来，如"现在很多公司都有先进的管理软件，不是吗？"通常，如果你说的话既符合事实，又与对方的看法一致，你就会收到确切的答复。

提问小贴士

频繁使用这种单刀直入的提问方法也会令对方感到不适，甚至产生抵触心理，从而影响对方的回答。因此，使用这种提问方法要有度，才能挖出对方的深层需求。切忌频繁使用。

反复提问，找到对方的语言破绽

> 我没有什么特殊的才能，不过是喜欢寻根刨底地追究问题罢了。
>
> ——爱因斯坦

　　心理学研究发现，让一个说谎的人重复谎言是很难的，因为如果说了一个谎言，就需要用更多的谎言去圆第一个谎，而在不断圆谎的过程中，难度也在逐渐增加，直至把事实暴露出来。

　　比如，一位病人得了绝症，你作为医生，良好的道德操守让你说了一个善意的谎言，但是你需要很多靠得住的解释去掩盖实情——解释病人的症状，但是很多解释会很牵强，因此在日常言行中的一些端倪使得你不得不最终告诉病人实情。

　　对于说谎高手来说，这并不是一件难事。对他们来说，说谎就像是背书一样，如果你需要，他们能时刻复制他们的谎言，而且在编造故事的过程中，他们还会加上一些神情、动作来为自己的谎言加分，让谎言变得更真实。

　　一般的惯犯都是说谎高手，不过警察在对待他们时也有自己的一套方法，那就是通过反复提问来寻求对方话语中的破绽。因为一系列的提问好比连珠炮，在趁对方还没有准备的情况下，能迅速扰乱对方的思维，让对方目瞪口呆、语无伦次，最后不自觉地说出真话。

　　美国加州的FBI接到过一个十分令人头疼的案子，因为犯罪嫌疑人是一名律师，有着很好的职业素养，而且在对他身边的人进行取证时，人们的说法出奇地一致：他是一名律师，怎么不知道自己杀人的后果，而且他理智、冷静，与人相处也很和睦，像这样的人是不可能杀人的。

另外，FBI在审讯的过程中，这名律师优秀的口才也给所有办公人员留下了深刻的印象，他总是能把与案件有关的问题回答得头头是道，并且时常用一些反诘的方式来询问FBI，把自己与案件偏离得很远。最后，FBI甚至怀疑自己是不是真的弄错了。

但是当FBI调查这名律师的家庭背景时，有了新的发现，他们发现这名律师来自单亲家庭，据此，他们认为也许能从这方面找到问题的突破口。于是，在审讯中，FBI探员开始反复问他："你来自单亲家庭吗？""你能形容一下你的家庭吗？""你是不是对你的家庭有什么不满？""你对你的家庭到底有什么不满？""为什么你会对你的家庭有所不满？""你对你家庭的不满是不是由于被害人造成的？""被害人遇害是不是与你有什么关系？""你为什么要杀害被害人？""在杀害被害人的时候你在想什么？""你是不是用一把刀杀害了被害人？"……

在FBI连珠炮般的询问下，这名律师开始变得焦躁不安，大声地否定探员所有的提问。但是在一轮又一轮的连环攻势下，这名犯罪嫌疑人的内心终于崩溃了。他把头埋入双手间，开始喃喃地说自己不是故意的，是因为被害人说了一些过激的话，自己才一时冲动错杀了他……

在这个案例中，FBI很好地利用了反复提问的方式攻破了犯罪嫌疑人的心理防线。事实上，这种方法是律师寻找证据过程中的惯用手段，他们总是会提出很多问题，逐渐将对方带入自己的语言陷阱中，不断获得新的有价值的信息。

当然，在实际情况中，如果对方的心理素质很好，而且善于说谎，即使是连珠炮般的提问，他也不会慌乱，而是对答如流。这时你就应该放弃正面进攻，将提问的顺序换一下，让对方倒着回答你的问题。通常如果对方没有说谎，他会按部就班地把事实倒着说出来；如果对方在说谎，他就会支支吾吾，先在心里想一会儿才能把谎言继续下去。

　　比如，你问一个人："你昨天干吗去了？"他说"我昨天先是去了公园，然后吃了午饭，接着去逛了商场，最后去看了一场电影"，然后你再让他倒着说一遍，如果他能很快说出"看电影，逛商场，吃午饭，逛公园"，那么他的话很大程度上是真实的，否则就可能是谎言。

　　或者在提问的过程中对于同一个问题，用不同的方式提问，比如，先问："你昨天去哪了？"等到过几个小时再问："你昨天出去了吗?""你昨天去了什么地方呢?"等等，虽然只是换了一个说法，表达的意思一样，但是看起来像是一个新的问题，被问者一不经意就会露出马脚。

提问小贴士

　　使用反复问话技巧时要注意，不要用一模一样的原问题去问，而应变换一种方式去问同样的问题。

悬疑式提问，触动对方的内心

> 问题是接生婆，它能帮助新思想的诞生。
>
> 苏格拉底

悬疑式提问是利用对方的好奇心，来达到打动对方的目的。假设你是一位销售安全玻璃的业务员，面对客户你会怎么提问呢？不懂得提问的业务员就会直接问："你好，你需要安全玻璃吗？"这种说法怎么可能会打动人心呢？这时，你可以采用悬疑式提问："你有没有看过一种破了但不会碎掉的玻璃？"这时，客户往往会有极大的兴趣想知道，这是因为问题触动了对方的内心。

福特公司面临很大的成本压力，可是福特却提出提升公司员工的薪酬的议案。其他董事一听就不干了，纷纷指责福特。福特淡淡地说："我能从根本上解决让你们头疼的成本问题，难道你们不想听听我的理由吗？"其他人都安静了下来。福特说："如果我们支付给工人社会平均工资，那就意味着会不断有工人离开我们公司。因为工人离开我们公司后，仍能很快找到同等待遇的工作。但我们提高工资后，即使工人要辞职不干，也不容易在短期内找到类似高待遇的工作。为能保住这一来之不易的工作，工人就会更加自觉勤奋，效益自然会大大增加，成本也就顺理成章降了下来。相对于从各方面节省成本，这无疑是治本之策。"董事们这才恍然大悟，情不自禁地佩服福特独到的战略眼光。

为什么福特一开始的话大家不愿意？那是因为大家觉得这根本是无稽之谈，没必要浪费那个时间。当福特告诉大家，他可以从根本上解决让他们头疼的问题时，引起了大家极大的好奇心，想听听福特到底有什么办法。最后，大家都采取了福特提出的建议。

我国首枚自行设计的导弹在试射前遇到了难题，为此专家们一筹莫展。这时，初出茅庐的王永志想到了一个解决办法，他去找钱学森，说："我有一些新的研究成果，想向您汇报一下！"可那时钱学森正被火箭的问题所困扰，就对王永志说："我现在没时间，改天再谈吧！"王永志回去后，觉得是自己说话的方式有问题。他再次来到钱学森的办公室，大声说："我想到了一个办法，能让火箭达到设计的射程，命中目标！"钱学森一听这话，立马来精神了，说："来，快说说你的想法！"王永志说出了自己的办法，他还向钱学森具体介绍了相关的演算过程。钱学森对他大为赞赏，接受了他的意见。

钱学森正为火箭的问题而发愁，与当下的难题无关的话，他哪有时间去听？而王永志直接告诉钱学森，他的研究成果正好能解决其最迫切的问题，一下子就抓住了钱学森的心，掌握了谈话的主动权。别人的燃眉之急，是想解决难题，这也是他们最关心的问题。所以，直接告诉他，你能帮他解决这个问题，他就会认真听你把话说完。

提问小贴士

在交谈中，你要仔细观察别人最迫切地要解决的问题是什么，并以此为突破口，提出悬疑式的问题，触动对方的内心，这样才能让交谈顺利进行下去。

主动提问，掌握话语主动权

> 生活的智慧大概就在于逢事都问个为什么。
>
> 巴尔扎克

在一场谈话中，如果你掌握了话语的主动权，你就可以充分表达自己的想法，可以成功地说服他人，可以把自己的产品推销出去……而想要掌握话语的主动权，你就应该首先从主动提问开始。正如一位哲人说过的那样，"只有在提问的那一刻，你才掌握着谈话的主动权"，唯有主动提问，才能更容易了解他人内心的真实想法，从而达到你期待的效果。

客服："您好，请问您想要咨询什么问题？"

客户："我的流量套餐是一个月300兆，但是我看到短信上又多出一个100兆的流量，我想问一下，这个流量是全国通用的吗？"

客服："您稍等，我帮您看一看。您好，先生，您说的这个流量是省内通用的，不是全国通用流量，请问您还有什么别的问题吗？"

客服："现在的智能手机太费流量了，以前一个月30兆都用不完，现在300兆都不够用……"

客服："确实，手机屏幕大了，更加智能了，也更加费流量了，您是想换一个流量套餐吗？"

客户："嗯，是的。"

客服："请问您是在省内，还是在省外的时候多一些呢？"

客户："省内，有时公司出差会到省外。"

客服："您的流量资费预算是多少呢？"

客户："不能太贵，差不多一个月30块钱就可以了。"

客服："嗯，好的，先生，您可以了解一下这个套餐，很适合您……"

客户挂了电话，给了客服人员一个大大的好评。

通过主动提问，客服人员可以更好地了解客户的需求，控制谈话的细节，所以那些经验丰富的客服人员总是会通过一些的针对性的提问来逐步实现自己的沟能目的，即根据客户的需求提供更好的服务。

如果你是一位推销人员，在和客户沟通时遇到这样的情况：和客户客套了几句后，你们直奔谈话主题，他让你先发一份资料过去，于是你把辛辛苦苦准备的资料送了过去，可是就此石沉大海，没了音信。

你百思不得其解，自己的资料准备得很认真，很充分，为什么就不能打动客户的心呢？其实很大程度上是因为这些资料并不是他们想要的，换句话说，你没有了解客户的真正需求。如果你懂得提问的艺术，通过主动提问，了解了客户的需求后再准备资料，相信结果就会大有不同。

当然，主动提问也不是随便发问，你可以试试"三步提问法"，即"什么""是什么（具体）""为什么"。

一天早上，一位老太太提着篮子到菜市场买菜，在经过一个卖水果的小摊时站住了脚，卖水果的小贩问：

"您来点水果吗？"

"都有什么水果？"老太太随口问。

"苹果、香蕉、葡萄、李子、桃子……"小贩开始介绍起来。

老太太看了看李子，摇摇头走开了。没走几步，老太太来到了另一个水果摊前。

卖水果的小贩问："您买点儿什么？"

"有李子吗？我想买点李子。"老太太说。

"您看看，我这有好几个品种的李子，您买什么样儿的？"小贩继续问。

"我想买点酸李子。"

"您为什么要买酸李子呢？别人都是买又甜又大的李子呀。"小贩很好奇地问。

"我儿媳妇怀孕了，想吃点酸的。"

"老太太，您对儿媳妇可真好！儿媳妇想吃酸的，就说明她想给您生个孙子，所以您要经常给她买酸李子吃，说不定真给您生个大胖孙子呢！"

老太太听了，笑得合不拢嘴，买了很多李子，愉快地走了。

故事中第一个小贩急于推销自己的水果，一上来就大肆介绍自己的水果品种多么齐全，但是老太太只是想买一些酸李子而已，这位小贩没有了解顾客的需求，自然什么也没卖出去。而第二个小贩却巧妙地利用"三步提问法"主动提问，将李子卖了出去。

在谈话的过程中，面对别人的提问，我们不能总是被动地回答，尤其是在没有搞清楚对方提问的真正目的的时候，盲目地回答毫无意义。如果你是一位销售人员，还可能因此丢掉一笔订单。这时，你大可主动把对方的问题丢回去。

对话1：

顾客："请问这个布料是有其他颜色，还是只有我看到的这几种？"

销售员："您最喜欢什么颜色的布料呢？"

对话2：

顾客："你们的衣服都是这样的款式吗？"

销售员："您喜欢什么样款式的衣服？"

对于上面的问题，如果销售人员大费周折地介绍布料的其他颜色、衣服的其他款式，就很难搞清楚顾客真正的需求，甚至会因为喋喋不休而使顾客感到厌烦。而通过巧妙地反问，主动去了解顾客的需求，然后引导对方朝你希望的答案靠拢，从而获取谈话的主动权，既能节省时间，又能达到想要的效果。

提问小贴士

一些看似不可思议的奇迹，往往都源于积极的主动意识。你若想要得到某个机会，最好的办法就是主动去问一下。

抓住关键，才能打动人心

打蛇打七寸。

谚语

在提问中，很多人认为只有"口若悬河"式提问才能胜出，有时"口若悬河"只会让人觉得你喋喋不休，惹人讨厌。其实，问题不在于多，而在于精，在于抓住关键，才能打动人心。

打动人心的问题，对方才有兴趣回答；打动人心的问题，对方才乐意回答。我们在提问前，要认真思考：应该提出什么样的问题？为什么要提出这个问题？这个问题能带来什么？具体应该怎么提问？在了解对方之后要充分思考，而不是想问什么就问什么，胡乱提问。

以推销牛奶为例，常常会有下列场景。

销售人员："您好，我们又推出了一款新牛奶，有……特点，您看您需要不？"

客户："不需要。"

销售人员："但是我们的牛奶确实很棒……"

客户："这跟我有什么关系呢？我从来不喝牛奶，可我活得很好！"

销售人员：……

在这里，销售人员根本没有考虑客户的需求，完全是无的放矢。所以，客户几句话就把他打发了，这是很失败的提问。

如果我们换成以下提问，就能很容易被客户接受。

销售人员观察客户一段时间后，发现客户身体缺钙，于是，他找准合适的地点，比如上楼时，对客户说："您当心点，看您很累吧？我来搀您上去。"

客户："谢谢你了，老了，腿脚不好了。"

销售人员："怎么能这么说呢，您还要再享几十年福呢，上点年纪的人钙流失得快，要注意补钙，这样腿脚才利索。"

客户："可不是吗？不过吃钙片补充效果不是很好。"

销售人员："喝奶效果不错，因为人绝大多数营养都是从饮食中获得的。阿姨，您看这样，我们刚好有低脂高钙的鲜奶，您喝喝试试？"

客户："听起来确实很好，那我就试试看。"

这位销售人员之所以能顺利成交，就在于他发现了客户"缺钙"这个关键，从而以此为切入点，找到了客户的潜在需求，在销售人员提出问题后，客户很乐意就接受了。

因此，在销售领域，销售人员要想顺利成交，就要找到客户的需求点、关键点，并及时满足客户。把销售的理由变成客户需要购买的理由，由销售员的"我要卖"转变为客户的"我要买"。以客户为中心，以需求为关键导向，进而提出你的问题，才能提高你的成交概率。

一些业绩差的销售人员一般会敷衍了事地询问一些问题，并不会使客户的需求得到满足，从而不能帮助他们真正地解决问题。我们再看另一个案例。

张晓想要购买一辆皮卡。她与丈夫去了多家店，并与7个销售人员进行了交谈。

通常，对方的开场白是"有什么需要帮助的吗？"或者"你需要什么样的车呢？"

"一辆皮卡。"张晓回答说。

　　与他们交谈过的7个销售人员，有6个人在这时转向张晓的丈夫，然后问："您想要哪一种类型的皮卡呢？"

　　"大部分时间是家用。"张晓接过话茬儿，"所以，我认为我需要的这辆皮卡能帮我们运输一些东西，但关键的是，要在司机后面有一排座位，可以让我们的孩子坐在那里。"

　　再一次，7个销售人员中6个还是转向她的丈夫，问："您喜欢驾驶什么样的皮卡？"

　　而第7个销售人员转向张晓问："您是想要后面有座位的，并且能放得下安全座椅的皮卡，是吗？"

　　张晓回答说："是的。我们就需要这样的皮卡。"

　　第7个销售人员指着一辆皮卡介绍说："这辆皮卡性价比好，关键是后排空间大，孩子在后面会很舒适的。"

　　张晓笑着跟丈夫商量了一下，最后决定买第7个销售人员介绍的皮卡。

　　案例中的6个销售人员的问题根本就是对客户的敷衍了事，没有抓住客户的关键需求进行提问。而第7个销售人员注意倾听，他正确地判断出张晓的关键需求，所以提出了打动张晓的问题，进而帮助张晓真正地解决了问题。

　　那么，提问者如何才能抓住对方的关键需求呢？

　　第一，提问前要注意对方回答的关键词。关键词一般是由高频词、表示重点的词或句子或者某一特定的概念等组成的。当然，要想抓住对方的关键词，前提是要善于倾听。

　　A："您好，请问要选什么样的相机呢？"
　　B："价格便宜的、优惠的、物美价廉的。"

　　从B的回答可以看出他的回答重点是价格，那么，A就可以适当推荐一些价格低的产品。

　　第二，当提问者无法抓住对方回答的关键时，可以有礼貌地使用反问的句子，让对方提供进一步的信息。

第三，有时，对方的回答很难让人明白，甚至他自己都不知道自己在说什么，这时可以问对方"为什么"。

第四，如果对方的回答是错误的，提问者不能直接指出来，要顾及对方的自尊心，委婉而有礼貌地指出对方的错误。

另外，在提问时，要认真倾听，理解对方的心理或需求，才能提出打动对方的问题，对方才会由衷地回答，从而得到你想要的信息。

提问小贴士

除了抓住关键提问外，还有赞美式提问、利用好奇心提问、抓住对方的兴趣提问，这些也是打动人心的方式。

第三章

促使对方深入交谈的问题，才能
让对方说得更多

　　每个人都有提问的能力，不过很多人都不能提出
有效的问题。有的人提出一两个问题后，对方回答了
就再也不说话了；有的人提出一个问题，对方就开始
不停地说；有的人提出一个问题，对方还是保持沉默
不语。这是为什么呢？不是对方对你不友好，也不是
对你不感兴趣，原因就在于你提出的问题不合适。要
想成为沟通高手，让对方说得更多，那就开始学习本
章的提问技巧吧。

基于对方行为的提问，刺激他的表达欲望

> 无法表达自己的人——不论是由于贫穷，或是由于不自由，或者单单因为自己心灵的封闭，而无法表达自己的人，我最同情。为什么这样回答？因为我觉得，人生最核心的"目的"——如果我们敢用这种字眼的话，其实就是自我的表达。
>
> 龙应台

　　人是群居性动物。人的情感功能系统还有一个先天存在的机能，这就是需要他人关注自己、亲近自己和重视自己。在社会生活中，我们每个人都会不同程度地向众人表达自我的欲望，如表现自己的才能、表现自己的美貌、表现自己的社会地位及表现自己的社会财富等等。

　　那么，我们要想问出对方最真切的回答，就要懂得人们的这一心理。因此，在提问时，我们要能够最大限度地基于其行为进行提问，激发人们内心表达自我的欲望，从而让对方说出自己行动的真实原因。

　　假如你是保险推销人员，可以向客户李先生这样询问："李先生，您是怎样选择现在的保险的？"这种试图了解客户的过去、现在和未来的行为的问法，对方听后会产生一种表达自我的欲望，因此乐于与你进行沟通。

　　王琦原来是一个小小的销售员，凭借多年的努力，终于当上了销售部门经理。作为销售部门经理，王琦对如何与销售员打交道自然熟稔。长期以来，他已经形成了一套独特的做法：与所有人会面，都是由他提出见面。

一天，有一个银行业务员到王琦的办公室聊天。这个银行业务员在过去五年中经常到王琦这里，总是试图与王琦达成合作，并且每年几乎都会说一样的话："王先生，你们在银行方面是否有什么困难呢？"

王琦的回话几乎也没有变过："没有，一切都很顺利。"这个银行业务员总是很不甘心地说："那您不可能碰不到一点烦心事吧。"然而，王琦总是双手一摊，说："没有，真的没有。"这位业务员总是很纳闷，始终不知道为什么王琦总是拒绝他，最后黯然离去。事实上，王琦很为这个业务员感到惋惜，很多次他几乎都想要对这个业务员说："面对我这样的业务老手，你这样的提问方式是没有任何意义的。"

当王琦用这个案例来教育手下的新手业务员时，他提出了自己的看法："如果这个银行业务员换一种提问方式，情况又会如何呢？假设他这样问：'王先生，我只是想知道，您是怎样选择现在的银行的？'那么我就会这样回答：'哦，是一位朋友推荐的。他对这家银行的评价很高，我看到它提供免费的支票账户，非常有趣，于是我就到这家银行开了账户。'"

案例中的银行业务员如果换一种可以令对方变得积极起来的问题，那么他得到的答案将完全不同。"你是否有什么困扰呢？"这样的问题太简单，没有针对性，属于基于对方困扰的问题，面对行业中初出茅庐的人或许还可以应付，但对心智成熟、意志坚毅的人来说是远远不够的，不但一单也不会成交，还会有害无益，使你失去沟通的控制权。

因此，想要沟通顺畅，提问时就要想得远一些，不要将问题拘泥于对方的困难之处，而要基于对方的行为提出问题，刺激对方产生一种自我表现的欲望，要知道人们往往很期待有机会表现一下自己的能力，所以对方多少总会说一些。

提问小贴士

当我们提问时要注意，基于对方行为的提问，效果也是有分别的。所以，提问前要想好哪种提问方式更好一些。

引出话题性问题，搭建无尴尬沟通的桥梁

> 对于共同的记忆，人们能够亢奋地谈上一个小时。可那并不是谈话，而是原本孤立着的怀旧之情，找到了得以宣泄的对象，然后开始那久已郁闷在心中的独白而已。在各自的独白过程中，人们会突然发现，彼此之间并没有任何共同的话题，像是被阻隔在了没有桥梁的断崖两岸。于是，当他们忍受不了长时间的沉默时，就再次让话题回到往昔。
>
> ——三岛由纪夫

很多人与陌生人接触时，习惯于采用试探性的提问来进行搭话。他们会说："嗨，您好吗？"然而，这并非是开始对话的最佳方式。多数时候，对方会告诉你："我很好，谢谢。"接着，你们之间的气氛就会变得尴尬起来。

很多销售人员也很困惑，他们明明知道自己的工作说白了就是和客户聊天，从聊天中得到客户的信息、促成成交的意愿，但是，他们却不知道和客户聊什么，也不知道从何聊起。

为什么会这样呢？因为答话之后没有继续下去的话题，突然中断，整个过程很突兀，必然令双方感到不自然。所以，这时候，你不妨提出一个话题性问题，引起对方的聊天兴趣，引出他们主动倾诉的话语，你才能在交谈中占主导地位。那样，无论你说些什么，对方都将根据你提出的话题做出相应的反馈。

举个例子，你是地毯销售人员，走进一家旅馆，想要推销给店主你卖的地毯。你可以向他走过去，然后这样说："嗨，您好，我注意到您有一块漂亮

的棕色地毯。我想知道您是从哪里买到的？为什么您选择买这块地毯呢？"

这样的引入恰当的话题提问，会促使你的客户产生强烈的表达欲望。相反，如果你的提问方式不合适，或者引入的话题不恰当，那只会使双方感到尴尬。又如：

对话1：

销售人员小李走进刘老板的办公室，他想更新这位老板的电脑。小李坐下后问这位老板："刘先生，最近您的电脑运行得还快吗？"

结果，刘老板不知道如何回答他的问题。愣了愣，然后指着电脑的显示器说："对我来说好像还可以吧。"由于这里没有人需要小李的产品，他感到很尴尬，不一会儿只好起身离开了。

很明显刘先生的话并不是销售人员小李预期所想要的反应，因为小李的提问方式不能使对方有兴趣再交谈下去。

对话2：

销售人员小王走进刘老板的办公室，他想更新这位老板的电脑。

小王坐下后问刘老板："刘先生，您好，我想知道您是怎样关闭您现在正在使用的电脑的。还有您是怎样安装这个系统的？您为什么选择这个系统呢？"

对话2中的销售人员小王提出了一些话题性问题，使对方愿意回答，能够使对方进行下去。即便刘老板不知道如何回答这些问题，也会愿意将对方带到其公司相关负责人那里去。

因此，在陌生的环境中，不知道怎么与人交谈的时候，尝试用一个恰当的话题，自然而然地引出你想问的问题来，双方一问一答，你来我往，不知不觉间，好像你们对彼此都很了解了，不知不觉间，你们的关系就会逐步地亲密起来。

总之，在与人进行沟通时，为了避免无尴尬的沟通，我们可以先引出一个话题性问题，引起对方的谈话兴趣，并利用提问的方式说出来，那样沟通就会达到非常好的效果。

提问小贴士

可以采用这种方法来训练引出话题：设置一个提问者不熟悉且简单的主题，用谁（who）、什么（what）、何时（when）、哪里（where）、怎么（how）和为什么（why）作为提问的开端词。

投其所好，多问对方感兴趣的话

> 任何一种兴趣都包含着天性中有倾向性的呼声，也许还包含着一种处在原始状态中的天才的闪光。
>
> ——张洁

在谈话的过程中，大多数人都愿意谈论自己的事情，如果你想把话题进行下去，或是达到某种目的，就要多问一些对方感兴趣的话。

许多优秀的销售员推销商品的时候，经常会问客户一些感兴趣的话题，从而把商品推销出去，而那些没有掌握这项技能的推销员则始终业绩平平。

一位图书推销员按响了一户人家的门铃，出来的是一位太太，推销员说："下午好，这位太太，我是一名图书推销员，我们的图书质量非常好，装帧也十分精美，您看看有您需要的图书吗？"说着就要把沉甸甸的一摞书往外拿。

这位太太马上挡着推销员的手说："不用了，谢谢。"

"您还没看呢，怎么知道没有呢？您看看。"推销员还是坚持着。

不料，这位太太有点生气了，说："我不需要！请你离开，希望你以后不要再来了！"说完就把把门关上了，只留下这位推销员怔怔地站在那里。

过了几天，又有一位图书推销员来到了这户人家，不过他并没有急着推销自己的图书，而是这样问："早上好啊，太太，您的孩子都上学了吧？"

"是的。"太太礼貌性地回答道。

"他们上几年级了？"推销员又问。

"大的上四年级，小的上二年级。"

"哦，太太，真没想到，您的孩子都这么大了，而您看上去还是那么年轻漂亮。"推销员露出一幅惊讶的表情。

"真的？谢谢！"太太感到很高兴。

"我想您的孩子一定跟您一样漂亮聪明。"推销员接着说。

"是啊，他们的确很聪明，也很漂亮，谢谢你的夸奖。"显然推销人员的话很有用。

"有您这样美丽聪慧的妈妈，他们一定喜欢看书吧？"推销员试着问。

"对，你说对了，他们非常喜欢看书，尤其是一些漂亮的图画书。"太太回答道。

"哦，是吗，真是太巧了，今天我带了几本图画书，我想他们肯定会喜欢，您要看一看吗？"说着推销员拿出了早已准备好的几本书。

"哦，是吗，我看看……"太太接过书看了起来。

案例中的第一位推销人员之所以没能推销成功，很大程度上是因为自己的推销艺术不够，找不到与客户之间的合适话题，并且给人一种强买强卖的感觉。而第二位推销员先是礼貌性地问候对方，然后再问一些对方感兴趣的话题，并以此话题为突破口展开交流，最后成功推销出自己的图书。

总之，在谈话的过程中，如果我们只想让别人注意自己，让别人对我们感兴趣，那么这样的谈话很快就会结束，而如果我们问一些别人感兴趣的问题，对方就会很容易对我们产生好感，从而信任我们。

提问小贴士

问对方感兴趣的话题也就是要激发对方的好奇心。用问题激发好奇心是一种不错的方法。你要学会用问题去敲击对方的心灵，让对方的好奇心苏醒过来，这样你才有机会。否则，你就很难获得别人的关注。记住，关注的目光背后隐藏着好奇心，而问题是激发好奇心的有效工具。

多问充满惊奇的问题，激发对方的好奇心

> 我们思想的发展在某种意义上常常来源于好奇心。
>
> 爱因斯坦

　　人类要取得进步，就要不断地向身边既定的一切提问。而好奇心是促使我们提出疑问的动力。为什么我们在成长的过程中，在平常的生活里，会提出各种各样的问题呢？答案就是好奇心。可以说，好奇心是我们每一个人与生俱来的特质。

　　好奇心驱使着我们去提出问题，表达自我；好奇心驱使着我们做出改变，取得进步。在生活中，拥有强烈的好奇心的人，往往能够活得比一般人更有趣。机械地、逆来顺受地接受身边的一切，世界无疑是苍白和无趣的；而怀着好奇心去看待一切，世界就会充满彩色的问号。我们想要提出一个好问题，想要获得有效信息，想要与对方进行深入沟通，就要怀着强烈的好奇心。

　　美国国家公共广播电台《新鲜空气》的节目主持人特里·格罗斯，是一位客观公正而又机敏聪慧的询问者。在采访中，她总是思维缜密、小心谨慎，并且总是对受访者保持独特的好奇心。这样的她很容易得到受访者的好感，而她问出的那一个个充满趣味、惊奇的问题也很能引起对方的表达欲望。

　　在采访著名小说家史蒂芬·金之前，特里·格罗斯在很多场合都公开表示过她对史蒂芬·金写的小说的喜爱，并对其创作背景充满了好奇。正因为这些

浓厚的兴趣和好奇心，特里·格罗斯才能成功地提出一个个鲜活的问题。

2013年5月，她如愿以偿地采访了史蒂芬·金。格罗斯从对方的最新一部小说打开话头儿，针对这部犯罪题材的小说提出了下面的问题："对于这部小说的风格，你从一个写作者的角度和一位读者的角度，分别有哪些偏爱呢？"其实，这个问题紧跟着把一连串的"为什么""关于什么""谁"等问题抛给了受访者，并且显示了格罗斯对这部小说的喜爱和好奇。

这个问题一下子激发了史蒂芬·金的表达欲望，当他用轻松幽默的语言回答了一番后，格罗斯的问题也接踵而至。在整个采访过程中，格罗斯的问题贯穿了始终，全面而深刻地让听众了解了史蒂芬·金本人和他的作品。

从案例中我们感悟到，在提问的时候，一定要怀着一颗好奇心，并且学会表达自己的好奇心，以感染对方也产生好奇心。特别是在刚开始交流的时候，没有人愿意听一段没有趣味的讲演，也没有人能够忍受那些毫无新意的问题的折磨。让我们向格罗斯学习吧，试着展现自己的好奇心，去问一些惊奇的问题，以激发对方回答的兴致。

曾经有一位非常成功的销售员，他在推销的时候总是带上一些新奇的玩意儿，配合他高超的谈话技巧，成功地说服了每一个顾客。因此人们给他起了个绰号，叫"花招先生"。

一次，"花招先生"去一位客户家推销空调，他先是拿出一个蛋形计时器放到桌子上，然后说："请您给我3分钟的时间，3分钟过去，当最后一粒沙穿过玻璃瓶之后，如果您还是对我说的话没兴趣，我马上离开。"

这位客户十分好奇，饶有兴致地想要听听他要说什么。

"请问您知道世界上最懒的东西是什么吗？"推销员问。

"这个……"顾客摇了摇头，表示猜不准。

"就是您收藏起来不花的钱啊，它们本来可以用来购买空调的，让您度过一个凉爽的夏天。"推销员一副认真的样子解释道。

客户笑了笑，赞同道："是的。"

　　这位推销员总是随身带着蛋形计时器、闹钟、20元面额的钞票等各种各样的小玩意儿，用它们先来稳住客户，然后再问一些新奇的话，让对方对他的产品产生兴趣。所以在提问的时候，我们可以适当地制造一些悬念，引起对方的好奇心，为后来的成交打下基础。

　　对于提问者来说，上面的案例很有启发意义。在生活中我们常见到善于提问的人总是提出一些让人惊奇的问题，然后两个人通常会开始热情的交谈。相反，那些不懂提问的人往往习惯于提一些刻板的问题，很难让人产生回答的兴趣，从而不愿意继续与其交谈下去，甚至会让他人无言以对。

提问小贴士

　　在提问时，令对方产生好奇心很重要，它会改变对方对你的印象，加强彼此之间的亲密关系。

使用二选一问题，巧妙控制对方的行为

> 人生中最困难者，莫过于选择。
>
> 莫尔

有这样一个小案例。一条街上有甲乙两个小吃店，每天光顾两个小吃店的顾客都差不多，可是甲店的营业额总是卖不过乙店，甲店老板观察很久，发现问题出在甲店的服务员身上，甲店的服务员总是问顾客：请问您要不要加鸡蛋？而乙店的服务员总是问顾客：请问您是要加一个鸡蛋还是两个鸡蛋？显然，乙店的服务员问了一个二选一的问题，或者说选择式的问题，这样问可以限定对方的注意力，要求对方在限定范围内做出选择，让自己而不是让对方掌握主动权。这样，对方最后会最少加一个鸡蛋，因而销售额高于甲店。

再如，在销售过程中，当顾客同意购买，却又犹豫不决、拿不定主意时，我们可以采用二选一提问法促成订单的成交。在这种问话技巧中，只要顾客选择其中的一个，就能快速帮助他做出购买的决定。比如，推销人员可以问顾客："请问您要那部浅灰色的车还是银白色的车？"此种二选一的提问技巧，就是要准顾客选其中一个，其实就是你帮他拿主意，下决心购买。

虽然这种提问的方法对销售人员来说，是非常有利的，但是在运用此方法时，必须是在自己能够充分掌握主动权的基础上，而且自己所问的问题还必须使对方有能力做出明确的回答，否则，对方会有一种压迫感，导致对话陷入僵局。

这种提问方法一般运用在沟通基本达到高潮期，需要顾客做出某些选择和决定的时候。也就是你稍稍加把火，就能让水沸腾起来，让销售走向成功。比如：

"太好了，王总，那明天下午是2点钟还是3点钟，我亲自去拜访您好呢？"

"好的，李总，我是通过传真方式还是通过邮件方式，把具体资料发送给您呢？"

"非常感谢，朱总，我是今天下午还是明天上午，亲自把入场券给您送过去呢？"

"好的，陈女士，您是今天有时间还是明天有时间？我们好派人到您家检查一下门窗的安全问题。"

"你喜欢这三种颜色中的哪一种呢？"

如果电话销售人员在沟通一开始就采取二选一提问法，那么最好不要让顾客做出什么决定性的回答，而是一种参考性的回答，主要目的是缩小谈话的范围，便于沟通和交流，一旦在顾客做出肯定回答后，就可以将他引入到自己要谈的主题中，然后逐渐引导客户进入你设计的圈子里。比如：

"您是否认为在出差旅行过程中，最重要的是安全问题？"

"您是否认为提高员工的工作效率非常重要？"

"你是否认为健康与美丽都非常重要？"

在生活中，与对方约见时，我们也可以用到这一技巧。如果你这样问："什么时候见个面？"很可能对方会找借口推脱。所以，你最好给对方提供选择："我们见面谈吧，你希望早一点还是晚一点呢？"如果对方的回答是"早一点"，你可以给他提供更多选项："好的，今天还是明天？这个星期还是下个星期？早上还是中午？"如果他回答的是"晚一点"，你还可以给他提供一些选项："好的，这个月末还是下个月末，哪个时间会更好些呢？"

当你需要弄清对方是否会全身心地投入时，或者想知道对方的疑虑时，你可以使用"是或不是""行或不行"的问题，试着让对方在某件事上做出明确答案，或者促使他们下定决心。当你想获得直接而由衷的答案时，封闭式问题会更有效：用恰当的方式有目的地提出一个封闭式的问题，对提问者来说，这个问题是力量和高要求的最好结合。

不过，在运用"二选一"法则的时候，也要注意以下两点：

1. 选择滞后原则

在提问时，人们通常把希望对方选择的话放后面。比如，你可以这样说："您买一件还是两件呢？两件可以换着穿。"绝大多数顾客会脱口而出："那就两件吧。"再比如，你不太想帮别人带东西，就可以这样说："是我帮你拿回去呢，还是你自己拿回去？"这样一说，既能让对方感觉你是在关心他，又让对方因为不好意思而选择自己拿回去。

2. 不要频繁使用

人们最怕啰唆的人，如果短短的一分钟你就频繁使用"二选一"原则，会让对方觉得你是在强迫他，自然会对你产生抗拒。比如，你一进入商场，一些销售员就追着你开始问，"您买裤子还是外套？""您喜欢哪种款式，这个还是这个？""您喜欢明亮一点的颜色还是暗一点的？"等等，想必听到这样的话你会失去继续购买的兴致吧。

提问小贴士

二选一提问法的巧妙之处就在于，一方面它给人以选择的空间，另一方面又直接避开了对方拒绝的意图。

多问层层递进性问题，引导对方跟着你的预想走

> 提出一个问题往往比解决一个问题更重要。
>
> ——爱因斯坦

　　某项心理学实验曾经提出这样的问题让大家讨论："你觉得男人和女人谁比较会开车？"过了15分钟后，讨论暂时中止，然后再问同样的问题。结果是，几乎所有人都维持原来的看法。换句话说，刚才的15分钟讨论完全徒劳无功，大部分人还是会坚持自己最初的看法。我们既不想改变自己，也不希望被改变，总是不自觉地拒绝改变自己信念和看法的知识。

　　那么，我们应该使用什么样的提问方法，才能让对方改变自己的想法，心甘情愿地跟随着你的预想走呢？

　　在上一小节中，我们讲到了交谈时使用二选一式提问法，可以有效地引导对方的行为。但是，仅仅做到这一点是不够的，我们应该考虑得更远一些，进一步开发这一技巧。比如，在提出有两个选择项的问题时，最好提供一个积极的选项，这样可以有效地控制对方的选择。

　　在财产交易时，顾客要完整填写印花税及地税的表格。顾客可以自己填写，也可以支付一笔钱来请经纪公司来帮他们填写。但是，经纪公司发现很难让客户选择由公司代为填写。

　　之后，经纪公司招聘了一位实习生，他经过认真的研究发现，换一种交流方式，经纪公司的这种状况就可以改变。这位实习生在工作中与顾客这

样交流："当然，您自己填写表格可以节约75英镑，可是填写7页表格，您需要寻找很多精确的资料，其中还有些复杂的数据一定要特别注意。如果您对这些感到头疼，我们可以帮您去做，您觉得怎么样？"就是这样一种提问方法，使公司的业务增多了不少。

从案例中我们得知，如果提供给对方两个选择，那么你应确保这两个选项对对方都有利（第一个选择：顾客自己填写，可节约75英镑；第二个选择：让经纪公司帮忙填写，省去顾客的麻烦）。如果其中一个并不是你想要对方选择的，那么就要将这个选择的缺点明确说出来（顾客需要寻找很多精确的资料，其中还有些复杂的数据），同时将另一个你想要对方选择的说得更积极一些。所以，使用这种提供积极选项的问题，可以将与你交谈的人往你想要的答案的方向引导。

接下来我们看另一个案例。

迈克去纽约拜访客户的时候，想买一两件衬衫来搭配新西装。在等待下个约会的空档里，他走进曼哈顿一家男装店。一位年长的销售人员从店中央迎面走来，抬头直视迈克的眼睛并且面带微笑。然后他很温和地说："谢谢光临，请随便看看。"迈克开始四下看的时候，销售人员接近他，并且在离他2米远的地方停住，问"今天您有什么特别想看的东西吗？"迈克说："我想买一两件衬衫。"

销售人员问迈克："您要在什么样的场合穿这些衬衫？"当迈克告诉他是在拜访客户时穿时，他又问："您要穿这些衬衫搭配哪种颜色的西装呢？"当迈克告诉他西装的颜色后，销售人员又问："您比较喜欢哪一种颜色？您心里有想法吗？"迈克说："我还不确定要买哪种款式的衬衫，而且我还没想好应该花多少钱。"

销售人员说："那么，让我陪您看一些衬衫，然后向您解释一下材质和价格上的差异，之后您就可以决定哪些衬衫更适合您了。"迈克非常高兴一位销售人员会这么真心地帮助他得到需要的东西，于是迈克很乐意听他的意见。

　　案例中的销售人员很聪明，并没有一上来就给迈克介绍某件衣服，而是说："谢谢光临，请随便看看。""今天你有什么特别想看的东西吗？"后来销售人员又提出了几个层次紧密的问题，并用细致的解释一步一步地让迈克跟着他的预想走，最后达到交易。

　　这个技巧的核心就是把答案限定在对你有利的范围内。同样，在与人交谈时，我们也可以使用这一技巧。

提问小贴士

　　明确你想要的答案，让对方说"是"：首先，你要提供几个选择；其次，要注意这几个选项之间的差别和层次，以便对方选择最好的答案。

多说"你"，少说"我"，让互动关系更融洽

> 在交谈中，从双方的交集处下手，然后不断放大，去探索更多的交集，放大交集。交谈一定要从双方共同的兴趣出发。
>
> ——迈克·贝克特尔——

在交谈过程中，如果总是把"我"字挂在嘴边，就会给人很自私、很狭隘的感觉。这样的人是没有人愿意和他成为朋友的。相反，多说"你"，使对方始终成为你们谈话的中心，会让对方觉得你关心他，愿意分享他的一切。每个人都喜欢谈论自己熟悉的事情，所以，当你在交谈中有意识地运用这一点，引导对方说他自己的事情时，就会使对方高兴，你也会给对方留下最佳的印象。如此一来，对方就会关注你说的话，愿意接受你提出的问题。

美国著名的柯达公司创始人伊斯曼，捐赠巨款在罗彻斯特建造一座音乐堂、一座纪念馆和一座戏院。为承接这批建筑物内的座椅，许多制造商展开了激烈的竞争。但是，找伊斯曼谈生意的商人无不乘兴而来，败兴而归，一无所获。正是在这样的情况下，优美座位公司的经理亚当森前来会见伊斯曼，希望能够得到这笔价值9万美元的生意。

伊斯曼的秘书在引见亚当森前，对亚当森说："我知道您急于得到这笔订单，但我现在可以告诉您，如果您占用了伊斯曼先生5分钟以上的时间，您就完了。他是一个很严厉的大忙人，所以您进去后要快快地讲。"亚当森微笑着点头称是。

亚当森被引进伊斯曼的办公室后，看见伊斯曼正埋头于桌上的一堆文件中，于是静静地站在那里仔细地打量起这间办公室来。

过了一会儿，伊斯曼抬起头来，发现了亚当森，便问："先生有何见教？"

秘书为亚当森做了简单的介绍后，便退了出去。这时，亚当森没有谈生意，而是说："伊斯曼先生，在我等您的时候，我仔细地观察了您这间办公室。我本人长期从事室内的木工装修，但从来没见过装修得这么精致的办公室。"

伊斯曼回答说："哎呀！您提醒了我差不多忘记了的事情。这间办公室是我亲自设计的，当初刚建好的时候，我喜欢极了。但是后来一忙，一连几个星期我都没有时间仔细欣赏一下这个房间。"

亚当森走到墙边，用手在木板上一擦，说："我想这是英国橡木，是不是？意大利的橡木质地不是这样的。"

"是的，"伊斯曼高兴地站起身来回答说，"那是从英国进口的橡木，是我的一位专门研究室内橡木的朋友专程去英国为我订的货。"

伊斯曼心情极好，便带着亚当森仔细地参观起办公室来。

他把办公室内所有的装饰一件件向亚当森做介绍，从木质谈到比例，又从比例说到颜色，从手艺谈到价格，然后又详细介绍了他设计的经过。

此时，亚当森微笑着聆听，饶有兴致。他看到伊斯曼谈兴正浓，便好奇地询问起他的经历。伊斯曼便向他讲述了自己苦难的青少年时代的生活，母子俩如何在贫困中挣扎的情景，自己发明柯达相机的经过以及自己打算为社会做的巨额的捐赠……

亚当森由衷地赞扬他的功德心。

本来秘书警告过亚当森，谈话不要超过5分钟。结果，亚当森和伊斯曼谈了一个小时又一个小时，一直谈到中午。

最后伊斯曼对亚当森说："上次我在日本买了几张椅子，放在我家的走廊里，由于日晒，都脱了漆。昨天我上街买了油漆，我打算自己把它们重新漆好。您有兴趣看看我的油漆表演吗？好了，到我家里和我一起吃午饭，再看看我的手艺。"

午饭后，伊斯曼便开始动手，把椅子一一漆好，并深感自豪。直到亚当森告别的时候，两个人都没有谈及生意。

最后，亚当森不但得到了大批的订单，而且和伊斯曼结下了终身的友谊。

亚当森的提问方式很值得我们学习。高明的提问者在提问的过程中多会谈及对方的事情，让对方做一个诉说者，提问者自己则作为一个倾听者。这样才能使双方的关系融洽起来，为下一步的有效提问做好铺垫。

不仅如此，在日常生活中，我们多说一些"你"字，往往会取得更好的效果。比如，你夸女同事"这件衣服很漂亮"，如果换成"你这件衣服很漂亮，非常适合你"，效果会更好。第一种说法会让对方觉得你在敷衍她，而第二种说法则会让她觉得你的确在关注她，从而相信你说的一定是真心话。

因此，在交际过程中，我们要做一个明事理、大方的人，不要把话题凝聚在"我"的身上，而要谈一些"你"关心的事情，"你"喜欢的事情。这样的人，人人都喜欢。

提问小贴士

跟别人说话时，要尽量在每个句子前面都加上"你"字，这样会立刻抓住听众的心。在提问过程中，要想凸显自己的说话水平，赢得对方的尊重和喜爱，千万要记得随时随地把"你"字挂在嘴上。

第四章

疑难问题这样问，对方才愿意回答

在沟通过程中，我们经常会遇到各种难以解决的
问题，如果不能有效地解决这些难题，就会给你的交
际、谈判、工作等带来不小的影响。因此，很多人常
因这些问题难以解决而苦恼。针对这些问题，本章总
结了一些对策、技巧，让你的沟通不再为难。让我们
赶快一起来学习吧。

委婉批评：用提问让对方主动认错

> 在各种艺术日臻完美的同时，批评艺术也在以同样的速度发展着。
>
> ——伯克

自古便有"良药苦口，忠言逆耳"之说，在现实生活中，直截了当地批评对方很容易激起对方的愤怒，他们不但不会反思你的话，反而还会对你产生厌恶感。假如你的员工在工作中出现了一个失误，你把员工叫过去，劈头盖脸地训斥一番，甚至大骂员工是白痴，然后要求他赶紧改正。可以想象当时对方的心情有多么糟糕，那时对方思考的重点绝不是失误，也不是如何去改正错误，多半是心生不忿。

因此，批评对方时，为了不伤害对方的自尊，不妨给自己的批评裹上一层糖衣，这样对方更容易接受，还能达到"忠言不逆耳"的好效果。这层糖衣就是问题引导。通过一些委婉的提问句，让对方自行发现错误，可以避免直接批评带来的负面结果。

威廉·麦金莱在1896年竞选美国总统时，其代表的共和党的一位重要成员绞尽脑汁撰写了一篇演讲稿，并觉得自己写得非常棒，于是十分高兴地在麦金莱面前把这篇演讲稿朗诵了一遍。

麦金莱认为这篇演讲稿虽然有可取之处，但并不尽善尽美，如果就这样发表出去，可能会引起一场批评风波。但是麦金莱又不愿意打击这位成员的积极性。可现在这种情况，他又不得不说。

麦金莱考虑了一下，说："我亲爱的朋友，这可真是一篇见解独到、精彩绝伦的演讲稿。我相信再也不会有人比你写得更好了，就许多场合来讲，这确实是一篇非常适用的演讲稿，可是，如果在某种特殊的场合，是不是也很适用呢？从你的立场来讲，那是非常合适的，可是我必须从共和党的立场来考虑这份演讲稿发表后可能会产生的影响。所以，现在你先回家去，按照我刚才所提出的建议修改一遍，然后再送一份给我。"

那位重要成员认真地思考了一下，觉得麦金莱的建议很正确，便照做了，后来他在麦金莱的竞选活动中，成了最有力的助选员。

由此可见，批评他人是需要技巧的。用提问批评法，可以使对方更容易接受，批评也会更有效。特别是当别人犯了错误，自己已经意识到了，甚至对所犯的错误满怀负罪感时，如果我们不分场合和对象，一味地谴责他，会让他既难堪又难受。

批评不是目的，能够让人改正错误才是最理想的做法。如果你看到下属工作时间有些悠闲，心里很不高兴，当即就呵斥："这么慢吞吞的！你是不是不想干活了！"这时，下属心里肯定在想：废话，我当然知道要干活了！假如我们换一种方式，这样说："今天下雨了，可以放松一些，工作没问题吧？"这样的问句表达的是你的担忧，而不是针锋相对的批评，可以有效避免激起对方的逆反心理，同时，又具有极佳的委婉提醒的效果。对方听到这样的问话，会很自然地想到：哎呀，不能再这么坐下去了，要不然工作就完不成了。

通过提问的方式，委婉地表达批评，能够引导他人去思考和反思。怎样批评比较好呢？你需要培养自己的智慧，不要直接批评。那样做导致别人不爽是小事，最糟的是，很可能会引起过激反应，造成更坏的后果。

提问小贴士

批评是抱有善意的，并不是心怀恶意，批评只是另一种关心。同时，在使用提问的方式来表达批评时，一定要保持平和的态度。

用适度的反问，让对方自行寻求答案

> 反问是一个很好的策略，既能为自己赢得时间，又迫使对方必须进一步阐释动机。
>
> ——毕淑敏

对于年纪不小，仍是单身的人来说，最讨厌被问结婚这件事。因此，要是被问"为什么还不结婚呢？"这类不愿回答或难以回答的问题时，何不用反问的方式回应对方？可以这样回答："那你又为什么要结婚呢？"这是一种原封不动地将问题奉还给对方的技巧，而且这个技巧出奇有效。

反问是从反面提问，答案就在问题中。这种运用疑问的语气来表示肯定或否定的意思和强烈感情的修辞手法，也叫激问、反诘、诘问。反问是用疑问的形式表达确定的意思，以加重语气的一种修辞手法。反问只问不答，人们可以从反问句中领会别人想要表达的意思。

下面我们来看两个小故事：

萧伯纳的剧本《武器与人》首演获得成功，许多观众在剧终时要求萧伯纳上台与大家见面。当萧伯纳走上舞台时，有一个人对他大声喊："萧伯纳，你的剧本糟糕透了，谁也不要看！收回去吧！"萧伯纳听到这种话，一点儿也不慌张，他向那个人深深鞠了一躬，彬彬有礼地说："我的朋友，你说得好，我完全同意你的意见。"然后，他看了一眼正欢迎他的全场的观众，向青年反问了一句："不过，亲爱的朋友，我们两个人反对全场的观众，有什么用呢？"

话音一落，全场爆发出长久的热烈的掌声。那个人只好灰溜溜地走了。

贞观十五年，唐王李世民问大臣："守天下难不难？"魏征回答说："非常难。"李世民说："我任用德才兼备的人为官，又听从你们的批评意见，守天下还难吗？"魏征说："古代的帝王，打天下的时候，能够注意用人和听从意见，一旦打下天下，只图安乐，不喜欢别人提意见，导致亡国，所以圣人说'居安思危'，指的就是这个，能说守天下不难吗？"

以上两个小故事中的主人翁，为了反驳对方，在回击对方的时候都巧妙地运用了反问。

再看下面上司与下属的对话：

某上司催促下属："这项工作能不能再努力努力，争取明天完成？"

下属借机重复对方的话，反问："啊，是明天吗？"

上司点头说："是呀，否则就赶不上了。"

下属再次重复对方的话，说："哦，的确，是赶不上了呀。不过，如果要在明天完成，是不是要改变目前进展的其他工作安排呢？"

上司想了想说："嗯，那好，我再和部长商量一下。"

下属通过反问的方式，使他的上司明白：在规定的时间内完成确实困难，或许有必要寻找其他的解决方案，而不是强行改变工作安排。相反，假如下属直接反击，说"怎么，之前不是说好了吗？怎么说改就改？"局面便会完全不同，这样糟糕的对话方式，你觉得还会好吗？

反问是一把双刃剑，用好了可以让对方自行找到答案，用不好还会被认为是一种反击。所以，为了避免让人觉得有侵略性，我们在反问时，要用温和的目光和柔和的语气，并在提问中做出关心的姿态，让对方感到你很关心他。

需要注意的是，不要频繁地使用反问，否则会产生相反的效果。对方会觉得你心不在焉，完全没有认真思考，怀着敷衍的态度。这样会很容易激怒对方，让他认为你在戏弄他，那么你们之间的交谈也就不会很好地进行下去。

提问小贴士

英国约克大学的彼得·布尔教授表示，当被问觉得尴尬的问题时，只要立刻用反问的方式将问题丢给对方，就能顺利脱困。

反复催问，就会得到你想要的结果

不要失去信心，只要坚持不懈，就终会有成果的。

钱学森

求人办事历来是件难事，尤其是在面对难啃的骨头时。虽然有的人在求人办事的时候遇到了阻碍，但并不气馁，总是一遍遍去催，一遍遍去问，最终得到了自己想要的结果。

赵普是宋朝的大臣，他做过太祖、太宗两朝的宰相，是个性格坚韧的人。有一次，赵普向宋太祖推荐一位官吏："皇上，孟飞是一位难得的贤臣，他已为官多年，您是不是该考虑一下他晋职的事情了？"因为太祖平常不喜欢这个人，对赵普的话没有理睬。赵普并没有灰心，他觉得自己是一心为公，并没有做错，第二天上朝又向太祖提起这件事，请太祖裁定，太祖还是没有答应。赵普仍不死心，第三天又提出来："皇上，孟飞的事您考虑得如何？"赵普三天接连三次反复地问，同僚都吃惊了，太祖这次动了气，将奏折当场撕碎，扔在了地上。但令人吃惊的是，赵普又默默地将撕碎的纸片一一捡起，回家仔细粘好。第四天上朝，话也不说，将粘好的奏折举过头顶立在太祖面前不动。太祖真是无可奈何了："若我不同意，这次你会怎样？"赵普面不改色："有过必罚，有功必赏，这是一条古训，谁都不能更改，但皇帝怎么能以自己的好恶而无视这个原则呢？"听了这话，太祖知道没法不答应他了，只好准许了赵普的奏请。

故事中的赵普向宋太祖推荐了一位官吏，由于宋太祖不喜欢这个人，他怎么能够轻易答应呢？但赵普是个很执着的人，不答应他，他就使出了反复催问这招。反复催问就是紧抓一个问题不放，不回复，不给他满意的答复，就一直问下去。在求宋太祖准许自己的奏请这件事上，赵普一共追问了4次。从第一次到最后一次，追问的程度越来越深。他之所以不放弃，是因为他知道不能给宋太祖一点拖延的机会，一拖延，事情成功的概率就会很低很低。

使用反复催问这招，不要担心对方不高兴。当然，使用这种技巧的人必须要具备抗压、遇硬不怕、逢险不惊，能控制自己的情感，喜怒不形于色的素质。

反复催问别人时也要注意用语的分寸，千万不要用"怎么还不处理呀？""不是说昨天就给我答复吗？为何讲话不算数？""你们到底什么时候解决？"等责问的语气。用平和的心态询问对方，才能有助于你达到目的。

在反复催问的时间间隔上要越来越短，次数上要越来越频繁，造成对方的紧迫感。虽然频频催问很可能会引起对方的烦躁，但是只要你坚持不懈，就会带来转机。

一个项目的推进，一个决策的执行，一个方案的拍板，其中都少不了"催问"这个环节。"催问"就是催促别人采取行动配合你的工作，但是催促他人办事，也要注意方式方法，拿捏分寸。

例如，你需要挑选一个培训课程、一个长期合作的物流公司、一个甲级写字楼的办公室、一个办公室装修承包商，这些工作都不可以马上拍板成交，必须根据公司的制度一步步地进行筛选比较，在合同签订之前还要按照流程进行审批。在这种情况下，如果销售方把公司资料或者方案报价发出后没多久，就催问你意下如何，你是很难拿出确切答复的。而且当你还要货比三家，面对多家公司时，如果每个销售方都追着你问，你肯定会觉得很烦。

总之，在与人交谈的过程中，反复催问，可以让你获得想要的结果，让交谈顺利进行。

提问小贴士

　　需要特别注意的是，催问的时候不要有过激的行为，对受气要有心理准备，无论何时都要保持一种平和的心态，这样才能达到你的目的。

具备同理心，对方才能接受你的问题

> 具备同理心的人比较能适应一些微妙的社会性信号，而这些信号其实就代表了他人的需求与意图。
>
> ——丹尼尔·高曼

你正和某人聊着天，然后对方突然告诉你一件伤心事，比如"我刚丢了工作"，你要怎么回应？如果你感同身受地做出回应，让对方觉得贴心，你们的关系就会变得更好；如果你漠不关心，那你们的关系就中断了。也就是说，与对方谈心时，一定要站在对方的角度考虑，真正了解对方、打动对方，对方才能接受你。这就是接下来要说的同理心。

一位洗衣机推销员在拜访客户前，做了一番调查，知道客户家里有一个孩子，于是，她决定从孩子的事情入手。因为她自己也有孩子，深知养孩子的艰难。见到客户后，她寒暄了几句，便把话题转移到了养孩子的话题上。她说："现在养孩子真不容易，是吧？"客户很有共鸣，接着说："是啊，养孩子的费用很高，学费、生活费、培训费加起来不少呢。""主要是学习，费心啊，只知道玩！"

推销员听到客户的抱怨后，便说："我深有体会，我家的孩子也是很费心，学习成绩总是上不去，让我们很头疼。"聊了一会儿有关孩子的话题后，客户这才想起来对方是来推销东西的，于是说："你是推销什么的？"这位推销员说："洗衣机，公司最新生产的环保节能的洗衣机。""正好，家里的洗衣机又旧又小，还费电，正要打算换一台新的呢。"最后，这名推销员顺利成交。

　　案例中的这名推销员之所以能够成功地推销出洗衣机，就在于她有同理心。她站在客户的角度考虑问题，找到了双方的共同点，打动了对方，与对方产生了共鸣，再提出其他问题，对方很容易就接受了。就像汽车大王福特所说："假如有什么成功的秘密，那就是要学会换位思考，了解别人的态度和观点。因为这样不但能更好地与对方进行沟通，而且可以更清楚地了解对方的思维轨迹，从而有的放矢、击中要害。"

　　我们再看同一情景两个不同服务人员的沟通对比：

　　某客户想买急需的零配件，但目前这个配件已经缺货，以下为服务人员和客户的对话。

　　情景1：

　　客户："我想今天得到那个小配件。"
　　服务员："对不起，星期二我们才会有这些小配件。"
　　客户："我很急，今天就需要它。"
　　服务员："对不起，我们的库存里已经没货了。"
　　客户："我今天就要它。"
　　服务员："我很愿意在星期二为您找一个。"

　　情景2：

　　客户："我想今天得到那个小配件。"
　　服务员："对不起，星期二我们才会有这些小配件，您觉得星期二来得及吗？"

客户："星期二太迟了，那台设备得停工几天。"

服务员："真对不起，我们的库存里已经没货了，但我可以打电话问一下其他的维修处，麻烦您等一下好吗？"

客户："嗯，没问题。"

服务员："真不好意思，别的地方也没有了。我去申请一下，安排一个工程师跟您去检查一下那台设备，看看有没有别的解决办法，好吗？"

客户："也好，麻烦你了。"

我们通过对比这两个情景发现，第一个情景中的服务人员一直在反复道歉，同时提出了解决方案，非常明确地告诉客户星期二会有货，值得表扬的是他再三道歉，并且解释原因。第二个情景中的服务人员虽然也没有解决客户的问题，但是服务人员的话让客户感觉更舒服，因为服务人员尽可能地提供多个方案帮助客户解决问题，回答的语言充分照顾到了客户的感受，而不是一味地强调规定和理由，兼顾到了对方的心理感觉。第二个服务人员就是运用了同理心，让客户心甘情愿地接受他的方案。

其实，同理心就是沟通中"二八定律"的最好运用。沟通中"二八定律"是指影响沟通80%效果的因素只占整个沟通20%的心理感受和感觉。可见，心理沟通能够对整个沟通效果产生重大影响。

因此，我们在与人交谈时，一定要具备同理心，站在对方的角度考虑问题，让他心甘情愿地接受我们所提出的问题。

提问小贴士

同理心就是站在当事人的角度和位置上，客观地理解当事人的内心感受，且把这种理解传达给当事人的一种沟通交流方式。同理心就是将心比心，同样的时间、地点、事件，当事人却换成了自己，也就是设身处地去感受、去体谅他人。

拐弯抹角，请别人来帮忙

> 凡是你不知道的事，都应向人请教。虽然这会有失身份，学问却会日渐加深。
>
> ——萨迪

俗话说"人无完人"，一个人再全能，再无所不知，也会有不清楚的时候，有不擅长的事情。虽然每个人都有提问的能力，但就在提问这件事情上，有些人确实比其他人做得好。如果在你接触的人中，有人比你更擅长询问，那么你就应该尽可能地寻求他的帮助，找他来帮忙问，效果会更好。下面我们先看一个案例：

有一家公司想要扩展其业务，最终找到了一些目标客户。但他们暂时还没有找到进行此事的突破口。市场主管问企业顾问："怎样做才是最好的方式呢？"然而，企业顾问并没有回答这个问题，他给的意见是，与其探索怎样做比较好，还不如去想由谁来做会更好。找不到最好的突破口，那么不妨找找其他人。

有些人反对企业顾问的意见，认为那没有什么指导意义。企业顾问没有辩驳，他问："公司之前有没有人与目标公司的领导打过交道？"研发部主管说："我和目标公司的财务总监是校友。我知道，每个星期他都会去打一次回力球！"于是，所有针对企业顾问的指责都没有了。这位研发部主管承担了这次业务扩展的职责。

　　研发部主管和目标公司的财务总监聚了聚，然后说出要合作的意向："麻烦你帮我一个忙，跟你的同事引荐一下我们，看看能不能约个时间见个面。"接着，这位财务总监就介绍公司里另一位重要的人物给他认识。通过熟人的影响力，研发部主管跨过了那道门槛，经过几回合的会议磋商，生意做成了。

　　与其让市场主管进行接触和拜访，还不如请一个能和他们联系得上的人去问。找个熟人来帮忙问要比亲自去问效果好很多，这是一种非常有效的提问策略。同样的接触，陌生拜访的效果永远赶不上熟人之间的沟通。你向10个陌生人询问，也许有8个会让你吃闭门羹。而询问10个熟人，也许有8个会回应你的问题。可以看出，请别人替你问，提问效果会好很多。

　　一般来说，遇到以下两种情况可以请求别人帮忙：

　　第一，别人比你擅长的，要请求别人帮你问。请不要低估这一点。事实上，每天都会有类似的情况发生。比如，有些公司就是派出了不合适的人去参加商务活动，结果影响了销售和询问的效果。

　　第二，如果你询问的对象与你的某个朋友已经打过交道，或比较熟，那么你可以让你的朋友帮你去询问。这样，事情会变得简单得多，你成功的概率会很大。从另一个方面讲，这不是个人能力的问题，而是有关人际关系和个人影响力的问题。

　　需要我们特别注意的一点是，如果没能请到别人亲自帮你询问，那么切忌借用别人的名字，以期跨过那道陌生到熟悉的门槛。一些人习惯这样说："某某是我的朋友，他让我打电话给您。"如果这样说，对方可能会觉得纳闷："他没有跟我说过你的事情啊，为什么他不自己打电话过来呢？"因此，最好的办法是，在交谈过程中只是提到朋友的名字及其与自己的关系，以拉近彼此的距离。因此，这样说就比较妥当："听说你也认识某某，我是他的好朋友，有时间叫上他，我们几个人一起吃个饭，怎么样？"如果可能，尽量还是应该让这个朋友帮你去问。

　　当你急不可耐地要发问，或者不知道如何去问的时候，不妨先停下来，问问自己，由谁来发问效果会更好。

提问小贴士

当你自己不适合出面去询问，或者让他人去询问的效果会更好的时候，千万不要犹豫，尽快找最合适的人去帮忙问吧。这样可以提高询问的效果，也可以快速地帮你解决难题。实际上，搞定一个能够帮助你的熟人，肯定比直接搞定一个陌生人要简单、容易。

"假设您是我，您会怎么办？"

> 世界是一个舞台，所有的男男女女不过是一些演员，他们都有下场的时候，也都有上场的时候。一个人的一生中扮演着好几个角色。
>
> ——莎士比亚

在生活和工作中，许多人都会遇到各种各样的难题，由于缺乏他人的理解与支持，经常被客户抱怨、被领导批评、被家人指责，却又不知如何去协商。其实，解决这类问题并不难，只需要让对方"设身处地"地设想一下我们的处境和本心。

这种"设身处地"地为对方着想在心理学上被称为"角色效应"。角色效应是在现实生活中，人们以不同的社会角色参加活动，引起的心理或行为上的变化。

具体来说，如果你给某个人一个角色，假设那个人是长官、士兵、教授或学生，这个人就会在假设自己是这个角色的过程中逐步适应这个角色，按想象中的这个角色的思维方式去工作、生活，甚至举手投足都带上这个角色的味道。让我们一起来看下面案例中的提问者是如何利用"角色效应"提问的。

郭宁是一名设计师，他长期为石头文化公司做图书的版面设计。石头文化公司的负责人是个完美主义者，常会在看完设计图之后，让设计师反复修改，直到他满意为止。

一次，郭宁为石头文化公司设计了一套图书封面。他很用心，作品完成后，自己也很满意，办公室的同事也认为他的设计很有创意。

可是，石头文化公司的负责人看了封面之后，并不十分满意，认为有些地方还是不够完美。他通知郭宁，让他再仔细想想，再多改改。

为此，郭宁很苦恼，因为他实在想不出更好的创意。

无可奈何之下，郭宁给石头文化公司的负责人打电话，向对方请教："实在对不起，我一时还真想不出更好的方案。请问，假设您是我，您会怎么做？"

对方迟疑了一阵，然后回答说："让我想想吧。如果有新的想法，我再告诉你。"

结果，这位负责人接受了原先的封面设计。因为当他自己去设计时，他也想不出更好的创意。

案例中的郭宁面对苛求完美的客户，只是询问了对方："假设您是我，您会怎么做呢？"轻松地让客户理解他，从而解决了郭宁的难题。可见，在遇到难题时，不妨把问题丢给对方，让对方替自己想办法，就会很快地解决问题。

又如，一位公司员工遇到了这样的难题：

公司的合作伙伴周某打了几次电话找她的老板，随后她立即把这件事告诉了老板。但第三次，周某又打电话过来，埋怨她没有及时转告，原来是老板没能及时给这位周某回电话。为此，这位员工很发愁。如果对老板说"你不回电话，××先生很生气！"老板肯定会不高兴，说不定还会怪罪她。于是，她改口向老板请教，说："我遇到点儿麻烦，需要您的帮助。××先生打来3个电话，他对我很不满，因为他没有接到您的回电。下次他再打来电话，您看我怎么答复他好呢？"结果，老板一下子便明白了她的难处，立刻解决了这一问题。

因此，在生活或工作中遇到难题时，可以委婉地问别人："假如您是我，您会怎么办？"或者"您看我该怎么做比较好呢？"那么，难题就会迅速得到解决。

提问小贴士

"假如您是我，您会怎么办？"这一提问句，是一种令对方快速转换角色最简单、最有效的方法。

第五章

禁忌问题要避开，以免激怒他人

我们在人际交往过程中，一定要记住哪些问题能问，哪些问题不能问，自己一定要有分寸。懂得提问的人，不会口无遮拦，不分场合、不分对象地乱说一通，他们能够做到避开禁忌问题；而不懂提问的人，只会信口开河，处处得罪人，从而让自己的人生暗淡无光。因此，要想成为一个受欢迎的人，要想在人际交往中与人和谐相处，掌握禁忌问题很关键。

不要问别人的隐私

> 不要说穿他（她）的秘密，特别是一些个人隐私。知道的不要说，不知道的不要问。因为这是于你无益也使他人受损的事。
>
> ——李宗吾

隐私是个人的、隐蔽的、不公开的秘密。每个人都有隐私，一般情况下，人们都不愿意提自己的隐私。因此，切忌询问别人的隐私，即使你在与他人交谈的时候，已经无话可说，也不要拿朋友的隐私当谈资，要谨记言之有忌的原则，宁肯沉默相对，也不要问对方的隐私。比如：

"你哪年出生的？"

"你一个月挣多少钱？"

"你是不是在外面有份兼职？"

"你为什么还不结婚？"

"你谈过几个男朋友？"

人到了该结婚的年龄而不结婚，似乎变成了"众矢之的"，经常有人关心，甚至"严重关心"。遇到认识的人时，经常被问："你怎么还不结婚？""什么时候请喝喜酒啊？"不结婚，实在是个人的问题。但别人表现出"极度关心"的样子，有的人还偷偷打听"他长得也不错，怎么还不结婚？是不是有什么问题，有什么毛病？"这种问题会伤及他人的自尊，往往会被毫不客气地驳斥回来。

女人的年龄也是隐私，切忌询问。在西方，询问女性的年龄被视为不尊重女性、不懂得礼貌的表现，因为青春永驻是每个女人的梦想。

张凯是一个优秀的大龄剩男，虽然工作很好，收入也颇高，人长得也很精神，但是由于情商很低，要求又高，他一直没能找到合心意的女朋友。张凯的母亲很着急，逼着他去参加一场又一场的相亲。张凯本来对相亲丝毫没有兴趣，根本想不到自己居然会对一个相亲对象一见钟情。

那个女孩温柔恬静，长发飘飘，温言细语，笑容美丽。张凯一下子被这个女孩吸引住了，心跳加速。为了能够引起女孩的注意，张凯不停地问她问题。女孩似乎对他的第一印象也不错，微笑着对他说："真看不出来，你就是媒人口中的大龄剩男，可是你明明看起来很年轻啊！"

张凯心花怒放，不好意思地说："我都30多岁了，对了，你呢？媒人说你也不小了，你多大了啊？"

听了他的问题，女孩不自然地笑了笑，尴尬地说："直接问女孩子的年龄是很不礼貌的哦！"

张凯却不以为意，还一直追问："没关系啊，咱们以后就是朋友了啊，老实说，你看起来很年轻，应该不到30岁吧？"

女孩脸上红一块白一块，其实在她的心里，年龄问题一直是她的一块心病。张凯还是不解风情地继续问："媒人只说你是个小学教师，我以前还从来没有接触过做教师的人，这行的薪资待遇怎么样啊？"

女孩语带讽刺地说："听说你是做IT的，当然没有你赚得多了。"

张凯一直自以为是地用一些蠢问题套近乎，却没想到，他第一个问题问出口的时候，女孩在心里就已经将他毙掉了。之后无论张凯怎么活跃气氛，都没有打动女孩的心。最后这次相亲在尴尬中结束了。

每个人的内心深处都有一种天然的、本能的维护自己内心秘密的情绪，遇到别人不得体的询问，就会自然产生逆反心理。这就造成一种局面：有时提问者尚不经意，被问者常常不由心生厌烦，厌烦这种交际方法，甚至厌烦这个问话的人（尽管此人并不坏）。如再遇到那种事事在意，处处留神的

"查户口专家",被问者的厌烦之情会更加强烈。

某单位来了一位新同事,大家都称她为"小童",小童很随和,见谁都笑容满面,不过就是有点自来熟,而且喜欢刨根问底地追问别人的隐私。

比如,她看到一位单身的女同事打扮得稍微精致点,就追着人家问是不是要去见男朋友或是相亲之类的;看到一位同事升职,就多方打听,想要知道人家是不是有什么背景;看到女同事跟老板的关系走得近,就猜测两人的关系非比寻常,并到处打听小道消息。

一次,同事小冉请了半个月的假,小童像是发现了重大新闻一样,追着小冉问:"你请这么长的假干吗?"

小冉犹豫了一会儿,说:"家里有点事。"

小童又问:"出什么事了?请这么久啊。"

小冉没有说话。可是小童的老毛病又犯了,追着小冉问个不停,这时一位同事赶紧拉着小童的手,示意她住嘴,但是小童并未理会。

突然小冉对着小童大喝:"我请假关你屁事!"然后甩头就走了。后来才得知,原来小冉的爸爸突发心脏病病逝了。听到这个消息之后,小童终于闭了嘴,但是从此以后,大家都躲着她,以致她工作十分不顺,最后受不了压力辞职了。

每个人的内心深处都有自己的秘密,而且这些秘密大多是他们不愿提及的痛楚。如果你刻意去窥探他们的秘密,一定会引起他们的反感。所以,对于别人的秘密,首先要做到不好奇,不窥探。

因此,在打算问对方某个问题的时候,你最好先在脑中过一遍,看看这个问题是否会涉及对方的个人隐私,如果涉及了,就要尽可能地避免,这样对方不仅会乐意接受你,还会因你在交谈中得体的问话与轻松的交谈而对你产生好印象,为继续交往打下良好的基础。

无事不问会使自己变得浅薄庸俗,试想:一个喋喋不休好探问别人私事的人,怎么可能获得真正的朋友?

提问小贴士

在日常交际中，应该避免问及以下这些方面的隐私话题：女士的年龄，工作情况及经济收入，家庭事务及存款，夫妻感情，身体情况，不愿意公开的工作计划等。

不要问让人下不来台的问题

> 给人留一面，日后好相见。
>
> 民谚

我们中国是一个要面子的国度。古代有一个"无颜见江东父老"的故事：

项羽征战到了乌江边，陷入四面受敌、孤立无援的境地。据说项羽原本是可以不死的，因为当他来到乌江边时，有一条船在那里等他。驾船的乌江亭长大约是一位崇拜项羽的人，因此早早等在那里，一心要救项羽过江。他对项羽说，现在整个乌江之上，只有臣这一只小船，请大王立即上船，汉军无论如何追不过江的。江东虽小，地方千里，数十万人，完全可以在那里再成就霸业。项羽却谢绝了亭长的好意，宁肯站着去死，也不愿跪下求生。他认为自己溃不成军，落荒而逃，惨败而归，即使侥幸逃生也让江东父老瞧不起，所以最终自刎而死。

这个历史故事告诉我们，一定要谨慎对待别人的面子。面子与人的自尊挂钩，人们可以忍受各种磨难，但唯独忍受不了别人不给面子。

就如一句老话说的："人活一张脸，树活一张皮。"要学会为别人留面子，是人际交往中的一条基本原则。那些世事洞明的人都是善于给人留面子的，他们都非常在意保全对方的面子，不会轻易批评他人，不会伤害他人。

方国平和妻子是奉子成婚，结婚5个月后，他们的孩子就出生了。朋友们都前来祝贺。这时，方国平的朋友张晓也来祝贺，并带来了礼物——

一辆中号的小自行车。方国平笑着说："孩子刚出生就送自行车，是不是早了点？"

张晓开玩笑说："不早不早，别人家的孩子都是怀胎十月才出生，你家孩子5个月就出来，照这速度，几个月后不就能骑自行车了？是吧？"张晓的话刚说完，所有在场的人都明白过来了，知道他这是在暗示这对夫妻太性急，未婚先孕，于是众人大笑起来。但方国平夫妻二人脸色沉下来，一句话也说不出来。不久后，方国平断绝了和张晓的朋友关系。

案例中的张晓故作聪明，认为自己的一番调侃很幽默，却直指对方的隐私，大大伤害了方国平夫妻俩的颜面，让方国平夫妇下不了台。

在公众场合，说话者一定要考虑什么该说，什么不该说，要经过大脑认真思考，在充分了解对方的基础上再说话。否则，你问了让对方下不来台的问题或者说了不该说的话，都会让对方感到丢面子，最后与你断绝关系，严重影响你的人际关系。

在工作中，你看到下属在工作中出现失误，虽然对工作影响不大，但你还是很生气地说："怎么那么不认真，你是笨蛋吗？"那么，下属听到后会是什么反应？不同的人可能反应会有所不同，但不管什么人，在他们的心里都会产生抗拒，甚至以后工作会不积极。原因是你伤害到了对方的自尊心。这种话完全可以用另一种委婉的话来代替，比如，"你其他方面做得很好，这个地方再做好点就更好了，不是吗？"

那么，如何才能避免在提问中伤害他人呢？

第一，要换位思考。提问时，要把自己当作对方来提问。如果自己感觉问题很尖锐，就赶快考虑其他问题。另外，你还要收集有关对方的信息，充分了解对方，才能懂得什么问题该问，什么问题不该问。

第二，摆脱惯性思维，多个角度看问题。很多人之所以提出伤害他人的问题后，通常会感到很后悔，是因为惯性思维在作祟。这种不好的思维导致人们思考问题时会遵循以前的思路，这样会造成思考时的盲点，这个盲点通常会反应在你提的问题上。所以，我们要学会从多个角度思考问题，然后分析，这样才能避免因提问不当而带来的伤害。

第三，端正态度。要真诚地提出每一个问题，客观地对待每一个人，这样才能避免提出有伤害性的问题。

提问小贴士

提问不是人身攻击，给别人一点面子，别人也会给你一点面子。任何人都没有权利去伤害对方，哪怕只是言语上的伤害。这是很不道德的行为，因而提问时不要提那些让别人下不来台、难堪的问题。

永远不要问对方无法回答的问题

> 见什么人说什么话，到什么山唱什么歌。
>
> 俗语

我们常说："见什么人说什么话，到什么山唱什么歌。"提问也是如此，提问时要考虑到对方的立场、身份及文化程度等因素，从对方的角度思考，提出问题。否则，你们的交谈就会陷入比较尴尬的状态。

大多数时候，提问是为了获取信息，如果你不确定对方能够回答你的问题，那么还是不问为好。

来看下面的案例：

A是一位初中班主任老师。

情景1：

B："请问，您知道去年本县的癌症病例是多少吗？"
A："不知道。"

情景2：

C："请问，您知道去年本县一中的分数线是多少吗？"

A："535分。"

问一个别人不知道的问题，对方回答不出来，不但觉得没面子，而且会让提问的人觉得很无趣。在交谈中，当一方说"我不知道""我不清楚"时，谈话是最容易被打断的。因为提问者不得不立即换一个话题，切换话题需要思考，如果换的话题不好，对方聊不起来，谈话就可能陷入僵局。因此，提问高手懂得问对方知道的事情，问对方熟悉的事情。

举个简单的例子，如果我们想结识一位医生，可以多提一些对方熟悉的问题，比如，"最近感冒的好像挺多的，你们挺忙的吧？"这个问题与当下的热门话题有关，又与医生的工作有关，很可能是医生最愿意谈论的话题。

接着，你可以问对方："在这个流感季节，预防感冒需要注意什么呢？"那么，作为医生，他会给你一些切实可行的建议。这样一来一往，你就可以与对方聊下去，从流感到个人卫生，从个人卫生到环境卫生，再到跑步、游泳等健身……只要他愿意说，你们就可以一直说下去。

真正懂得提问的人，是不会问对方不知道的问题的，就如一个好老师，永远不会问学生无法回答的问题一样。那么，该如何避免提问对方不知道的问题呢？

第一，看对象。不同的人对相同的问题会有不同的反应，甚至产生截然相反的效果。

第二，看对方的年龄。对年龄较大的人，提问方向可以偏向保守、健康等方面的内容；如果对年龄偏小的人也提同样的问题，就显得你没有活力，与对方不能形成共同话题。

第三，看对方的性别。男性和女性对语言情境的承受压力不同，因而提问也应有所不同。和女性沟通要比和男性沟通复杂得多，在向女性提问时要注意一些禁忌的问题，比如，年龄、体重以及其他女孩的漂亮程度等。

第四，看对方的文化程度。面对不同文化程度的人，提问时应该有所区别。如果提问者向一个学习计算机专业的人提法律方面的问题，那么学习计算机专业的人就无法回答；向学法律专业的人提计算机方面的问题，那么学法律专业的人也无法回答。

明代有这样一个笑话：

有一个酸秀才上街买柴。只见他走到卖柴人跟前，文绉绉地说："荷薪者过来！"（"荷薪"是"担柴"的意思）

卖柴的是个大老粗，他哪听得懂这"荷薪者"三个字是什么意思。但是，他听懂了"过来"两个字，于是，就担着他的柴来到秀才面前。

看着卖柴人朝自己走来，秀才又咬文嚼字地问："其价如何？"

这次又难倒了卖柴人，只见他摸了摸头，也不知道这位秀才说的是什么意思。但是，跟刚才一样，这位卖柴人也只听懂了个"价"字，于是就一五一十地告诉秀才他的柴到底卖多少钱。

紧接着，秀才又说："外实而内虚，烟多而焰少，请损之。"（意思是说，你的柴外面是干的，里面却是湿的，这样的柴烧起来，肯定是烟多而火焰小，请减些价钱吧。）

这一次，卖柴人彻底没辙了，刚才一句话还能听得懂几个字。可是，现在秀才一张口，一口气说了这么多，他可是一个字都听不懂啊。

于是，这位卖柴人担着柴就走远了，任凭秀才在后面怎么喊，都不再回头。

秀才只依照自己的表达习惯，根本没有考虑到对方是否能够正确接受，以致卖柴人不知所云，最终未能成交。

提问小贴士

在生活中，人是各种各样的，因此，他们的心理特点、脾气秉性、语言习惯也各不相同，由于这个缘故，就决定了他们对语言信息的要求是不同的。所以，不能用统一的提问方式来交流。

说话时要避开别人的伤疤

打人不打脸,骂人不揭短。

——民谚

俗话说:"尺有所短,寸有所长。"每个人都有自己的优点和缺点,在与人交谈的过程中,应尽量避免问别人的伤疤、痛处。比如,对方身体有残疾,或有牢狱的经历等,这对他们本身来说是不可磨灭的记忆,这时你再问对方相关的问题,只会增加他们的心理负担,让他们更加痛苦和难堪。

每个人心里都有不可触碰的伤疤,都有不愿他人提及的话题。那些喜欢揭开别人的伤疤的人,不仅是非常可悲的,还是可恨的。可悲的是,他的一生中不会有真正的好朋友;可恨的是,揭别人的伤疤会让人想起一段不快乐的回忆,等于是在对方的伤口上撒盐。

王涛的一份企划案被上司毙掉了,毙掉的原因并不是企划案不优秀,而是因为这份企划案和竞争对手的企划案很相似。也许是英雄所见略同,也许是王涛模仿了竞争对手的企划案,总之,这份企划案被毙掉了。上司还在大家面前批评了王涛,警告大家以后一定要有创新思想。

公司中,同事们都在忙着自己的工作,而笑笑正在为手头没做完的企划案发愁,她向王涛请教:"王涛,你上次那份企划案的创意是怎么想出来的呢?"笑笑的话还没说完,王涛就生气地大声打断她:"你给我闭嘴!你故意的吧?!"一时,大家都觉得很尴尬。

从案例中可以看出，笑笑是一个不懂得人际沟通的人。王涛的企划案被毙了，并且还受到了上司的批评，心里自然不好受，笑笑却在此时提到此事，相信王涛以后肯定不愿意再搭理她了。

沟通高手从来不去说那种"哪壶不开提哪壶"的蠢话，因为他们懂得尊重别人的感受，而说话时懂得尊重别人的感受的人，才会受到别人的尊重。

小李在任职之前，有过一段牢狱生活，这是小李心里的伤口，同事都知道这一点，因而大家从不谈论有关监狱、犯罪的话题。一次，公司组织看电影，电影里的主角和小李很相似，结果一个同事突然问："这个故事是根据你的事改编的吗？"小李的脸色瞬间沉下来，此后再也不和这个同事说话了。

"人非圣贤，孰能无过。"一些人有不愿意提及的隐私和痛处，我们要尽量避开它，以免伤人，给自己的人际关系带来麻烦。

另外，对于一些他人不愿让别人知道的事情，不要一个劲地去问，即使你已经知道了，也要装作不知道的样子。千万不可以当着众人的面，谈论关于他人的一些缺点或毛病。

揭短有时是故意的，是敌视的双方用来互相攻击的武器；有时又是无意的，是因为一不小心犯了对方的忌讳。有心也好，无意也罢，在待人处事中揭人之短都会伤害对方的自尊，影响双方的感情，导致友谊的破裂。

常言道："金无足赤，人无完人。"在与人交谈时，面对别人忌讳的话题，要讲究语言技巧，尽量把话说得委婉、含蓄些，不可以说出刺激对方的话。无论对别人有多么不满，也不要揭别人的伤疤。只有避开别人的痛处，才会让你在人际交往中更轻松、更愉快。

提问小贴士

或许你真的不太懂得沟通，不知道什么场合说什么话，那也没有关系，你只需要露出真诚的微笑就可以了，真诚的微笑永远不会出错。

闲谈时，不要议论别人的是非

> 建立和巩固友谊的最好的方法，莫过于互相信赖地闲谈心事与家常。
>
> ——约翰·洛克

闲谈是一件很轻松的事情，是提高生活情趣的一种方式；它可以密切人际关系、丰富人的头脑、增长人的见识。然而，在生活中，一些人总是喜欢谈论别人的是非。谈论别人是非的人，是不受欢迎的人。

俗话说："谁人背后无人说，谁人背后不说人。"这句话虽然说得有些绝对，却也说明了一个道理，就是大多数人都多多少少地在背后议论别人，只是所说的是好话还是坏话就不知道了。

向他人打听是非、打听八卦，这样的你在别人眼里一定是个"八婆"形象。如果你想要和朋友相处融洽，你就要做到不去打听别人的是非和八卦，也不要参与这样的谈话。面对别人的是非和八卦，如果能做到不询问、不打听、不传播，就会得到别人的尊敬；相反，如果总喜欢打听、询问别人的是非、八卦，那么就得不到别人的尊敬。

姜欣欣与李媛媛是一对好朋友。有一天，他们应邀参加另一个朋友的生日聚会。在宴会大厅里，姜欣欣遇到了一个小学同学，于是热情地上前打招呼，两人很快就聊了起来。

在谈话过程中，同学提到了李媛媛，说："我和李媛媛也是同学，你觉得她这个人怎么样？听说她和她男朋友分手了？我觉得她那个人实在不怎么样，分手也很正常，像她那么自私的人，谁会与她交朋友！"

听到这里，姜欣欣说："你怎么能这样呢？怎么能在别人背后议论别人呢？这样是不礼貌的，更何况李媛媛并非像你所说的那样，她为人很正直，我们已是多年的好朋友了。"她的那位同学自觉没趣，独自走开了。

从案例中可以看出，姜欣欣的这位小学同学是个喜欢闲谈别人是非的人，这样的"闲谈"可以看出一个人的品德是否高尚。一个人如果在闲谈中总是捕风捉影、搬弄是非，说明这个人的品德不高尚。品德不高尚的人是不受人欢迎的，所以，与人相处时，不要随便议论别人、说别人的坏话，否则只会损害自己的形象，破坏自己的人际关系。

想要成为一个受欢迎的人，就不要在别人背后说坏话，而是要多说别人的好话，所谓"病从口入，祸从口出"，就是这个道理。与人闲谈时，一定要注意自己的言行，不询问、不打听别人的是非。

为了不使闲谈产生坏的影响，我们要注意以下几个方面：

第一，管好自己的嘴巴，不问别人的忌讳话题。要知道，每个人都有忌讳的话题或痛处，这时，我们要尽量避免去问这些问题。不了解情况时，最好不要问，只要保持微笑就行。因为保持微笑是最安全的方式。

第二，稳定情绪，避免出口伤人。有的人情绪易怒，容易在说话的过程中被激怒，从而失去理智，说出一些别人不能接受的话，等到风平浪静后，回想起自己说过的话，又觉得非常后悔。因此，当情绪激动时，你要尽量稳定自己的情绪，暗自提醒自己千万不要说刺伤别人的话。

第三，闲谈时，不要嘲笑对方失态的地方。在闲谈中，对方的言谈举止难免会有失态的地方，这时，我们要表现出一个君子的风度，不要嘲笑对方，而应采取适当的方式去提醒对方，给对方留面子。这样，你才能成为一个受人尊重的人。相反，你嘲笑别人，别人也会嘲笑你。

第四，闲谈时要注意察言观色，若提出问题后，对方避而不答或转移话题，我们就要尽快换一个对方感兴趣的话题。

场景练习：假如你的同事A从领导的办公室伤心地走出来，而另一个同事B赶紧凑过来对你说："她又被老板批评了？她平时总是出错……"说了一堆不好的话。如果你是同事B，你会怎么做呢？

提问小贴士

闲谈是考验一个人品德高尚与否的重要标准之一。

下篇

如何说，别人才肯听

语言幽默好沟通，有气氛才好说话

入情入理，步步引导对方说"是"

探求对方心理，委婉说服才能收获好人缘

及时避免尴尬，为有效沟通扫除障碍

巧妙处理拒绝意见，让"不"字靠边站

第六章

语言幽默好沟通，有气氛才好说话

俄国文学家契诃夫说："不懂得开玩笑的人是没有希望的人！这样的人即使额高七寸、聪明绝顶，也算不上真正有智慧的人。"幽默是快乐生活中不可或缺的智慧。一个富于幽默感的人，生活阳光，处处能发现幽默元素，处处能发现欢乐，不但个人生活丰富多彩，而且在人际交往中也颇受欢迎。

偶尔自嘲，"自贬形象"显幽默

> 自嘲就是居高临下地看待自己的弱点，从而加以宽容。自嘲把自嘲者和他的弱点分离开来了，这时他仿佛站到了神的地位上，俯视那个有弱点的凡胎肉身，用笑声表达自己凌驾其上的优越感。
>
> ——周国平

自嘲，就是拿自身的失误、不足甚至生理缺陷来开涮，对丑处、羞处不予遮掩、躲避，反而将它放大、夸张，然后巧妙地引申发挥、自圆其说，博得他人一笑，从而化解尴尬或者博得大家的喜爱。

自嘲是一种高级的幽默技法，更是一种胸怀宽广的体现。一个能够自嘲的人必须具有非常广阔的胸怀，一种超然物外的豁达，一种不甘平庸的境界。

传说，希腊哲学家苏格拉底的妻子是个泼妇，常对他发脾气，而苏格拉底总是对旁人自嘲道："讨这样的老婆好处很多，可以锻炼我的忍耐力，加深我的修养。"一次，老婆又发起脾气来，大吵大闹，很长时间还不肯罢休，苏格拉底只好离开家。他刚走出家门，那位怒气难平的夫人突然从楼上倒下一大盆水，把他浇得像只落汤鸡。这时，苏格拉底打了个寒战，不慌不忙地说："我早就知道，响雷过后必有大雨，果然不出我所料。"

显然，苏格拉底有些无可奈何，但他带有自嘲意味的讥讽，使他从这一窘境中超脱出来，显示出自己极深的修养。

我们熟知的大牌主持人，都是善于自嘲的幽默之士。作为精英，他们在面对各种问题时，经常用自嘲为自己化解尴尬，不仅展现了自己的大气，还获得了观众的尊敬。

白岩松一米八左右的个子，保持着十几年不变的发型，胡子刮得干干净净，鼻梁上架着一副黑边眼镜，一身蓝色深条纹的西装，显得是那么严肃和沉着。常有人拿白岩松的面部表情做文章，说他总是"忧国忧民"，一脸的严肃，并说只要白岩松一出来，坏了，肯定出大事了。白岩松在《东方时空》刚露面时，有一名观众给白岩松寄了一张明信片，上面这样写道："每天早上都看见你那张哭丧的脸，之后弄得我一天心情都不好。"这把白岩松惊得浑身冒汗，于是他开始在电视上尝试以嬉皮笑脸去为自己改头换面，而且还在心里自我安慰：笑口常开这还能有多难？然而一段时间后白岩松就放弃了。

在接受《实话》主创人员"拷问"时，自称"现在还谈不上成功"的白岩松谦虚地对自己进行了总体评价，他自嘲道："我能走到今天，如果说赢得了别人的掌声，那完全是因为我的幸运。好比在一大片荒地里，大家看到一片植物，哪怕长得七扭八歪，也会给它掌声，其实这个世界上还有更多的植物，有更美的鲜花，只不过这片七扭八歪的植物先被大家看到。我就是这七扭八歪的植物，我是幸运的，坐上了中国电视新闻改革的头班车。过去像我、崔永元这样长相的，想当电视节目主持人，根本是不可能的事情。"

白岩松谦虚地评价自己是"七扭八歪的植物"，语言既幽默，又表达了对自己的更高要求，令人佩服。

幽默一直被人们称为只有聪明人才能驾驭的语言艺术，而自嘲又被称为幽默的最高境界。由此可见，能自嘲的必须是智者中的智者，高手中的高手。

说服小贴士

　　自嘲可以用来应付来自别人的嘲讽，如果自己先嘲讽一下自己，说不定还能博点同情，比如，听到来自别人的安慰；可以让你混个好人缘，不吝惜说出自己不足的人，显得率真、大气，让人觉得好亲近。

巧做比喻，为幽默增添神奇的威力

幽默是具有智慧、教养和道德上优越感的表现。

——恩格斯

比喻就是打比方，就是根据联想，抓住不同事物的相似之处，用浅显、具体、生动的事物来代替抽象、难理解的事物。

精妙的比喻往往能更贴切地表达感情和观点，让话语妙趣横生，充分调动听者的想象力，起到不同凡响的幽默效果。

以下是《红楼梦》中的一个小片段：

只见一个媳妇端了一个盒子站在当地，一个丫鬟上来揭去盒盖，里面盛着两碗菜。李纨端了一碗放在贾母桌上，凤姐偏拣了一碗鸽子蛋放在刘姥姥桌上。

贾母这边说声"请"，刘姥姥便站起身来，高声说："老刘，老刘，食量大如牛，吃个老母猪，不抬头！"说完，却鼓着腮帮子，两眼直视，一声不语。众人先是发怔，后来一想，上上下下都一齐哈哈大笑起来。湘云撑不住，一口茶都喷出来。黛玉笑岔了气，伏着桌子只叫"嗳哟！"宝玉滚到贾母怀里，贾母笑得搂着叫"心肝"，王夫人笑得用手指着凤姐，却说不出话来。薛姨妈也撑不住，口里的茶喷了探春一裙子。探春的茶碗都合在迎春身上。惜春离了座位，拉着她的奶母，叫"揉揉肠子"。地下无一个不弯腰屈背，也有躲出去笑去的，也有忍着笑上来替他姐妹换衣裳的。

上面的片段写的是刘姥姥吃鸽子蛋前所说俗语惹得众人大笑的场面。我们可以看出，精妙的比喻为幽默增添了很大的神奇威力。

德国大诗人歌德的邻居有一天问歌德："你说过书是精神食粮，但是最近一段时间你为什么很少看书呢？难道你不需要食粮了？""你不知道吧，蚕一定要多吃桑叶才会长大，可是当它开始吐丝结茧时是一点也不吃的。"歌德回答道。

钱锺书先生是个"甘于寂寞的人"，他不愿被人炒作，也不愿抛头露面，只想一心做学问。一天，一位英国女士打来电话，说喜欢《围城》，想见见钱先生。钱锺书婉言谢绝，但那位女士十分执着。最后钱锺书实在没有办法了，便以其特有的幽默语言对她说："假如你吃了一个鸡蛋觉得不错，你认为有必要去认识那只下蛋的母鸡吗？"

歌德、钱锺书都用了巧妙的比喻幽默地回答了对方的问题。在钱锺书先生的比喻中，本体和喻体之间没有半点形似之处，比喻却新颖、别致、贴切、幽默。其根本原因是钱锺书先生抓住了双方的神韵，其深刻的艺术程度，简直达到了叫人只可意会，不可言传的地步。

恩格斯说过："幽默是具有智慧、教养和道德的优越感的表现。"幽默能表事理于理智，寓深刻于轻松，给身边的人以欢笑和愉悦。

学士石曼卿好酒善诗，谈吐幽默。一次，出游报宁寺，马夫疏忽，马受惊跃起，石学士被摔下马来，随从慌忙将他扶起。许多看热闹的人以为他定要大骂马夫了，不料他只是指了指马夫说："亏得我是石学士，要是瓦学士，还不得摔得粉碎？"

这样的比喻幽默，既显示了石曼卿是一个大度之人，同时也不失他的面子。

　　总之，运用精妙的比喻幽默，比那些生硬、枯燥的理论表述要生动具体，使别人印象深刻，更容易明白一些深刻的道理，极具说服力。

　　人生在世岂能尽如人意，我们要以幽默乐观的心态，始终秉持"笑看天下古今愁，了却人间许多事"的态度，以一个个精妙的比喻去笑着应对风雨，迎接阳光。

说服小贴士

　　构成比喻必须具备两个成分，符合两个基本要求。两个成分是：所要描绘的对象（本体）和用来作比的事物（喻体）。两个基本要求是：第一，本体和喻体应该有质的差异，为不同类别的事物；第二，本体和喻体之间又必须具有某种相似之处。符合这样的条件，比喻就会形象生动，但是比喻要幽默，表达要喜剧化，除了这些基本条件外，还必须给比喻加些特殊的"佐料"。

妙用夸张，幽默是无限制的

> 幽默是一切智慧的光芒，照耀在古今哲人的灵性中间。凡有幽默的素养者，都是聪敏颖悟的。他们会用幽默手腕解决一切困难问题，而把每一种事态安排得从容不迫，恰到好处。
>
> ——钱仁康

夸张是为了表达强烈的思想感情，突出某种事物的本质特征。运用丰富的想象力，在客观现实的基础上有目的地放大或缩小事物的形象特征，以增强表达效果的修辞手法，也叫夸饰或铺张。在幽默的手法里，它是最常用的。

夸张式幽默是将事实进行无限制的夸张，进而营造出一种极不协调的喜剧效果。

我们大家熟悉的卓别林，印象中他那身行头、那手杖、那衣服、那特大皮鞋，还有他那外八字腿别别扭扭的走路动作，都是夸张营造出的幽默。

侯宝林说相声，"医生拉开肚皮一瞧，好嘛，剪子忘里面了！"这是夸张。姜昆说，"好家伙，那月饼硬得一摔马路可以砸出俩大坑！"也是夸张。

本山大叔始终歪戴一顶破帽子，外八字腿，嘴巴瘪着，双手撇着，表情一惊一乍，动辄挤眉弄眼。一有点动静，他老人家就"咚"的一声摔倒在地，或者干脆来个大马趴。这就是夸张。

央视春晚，赵本山与宋丹丹、崔永元合作演的小品《小崔说事儿》，其中有这么一段。

　　白云（宋丹丹）："你说就他吧，就好给人出去唱歌，你说就这嗓子能唱吗？那天呢，就上俺们那儿敬老院给人唱歌，总共底下坐着7个老头，他'啊'地一嗓子喊出来，昏了6个。"

　　小崔："那不还有一个嘛。"

　　白云："还有一个是院长，拉着我的手就不松开，那家伙可劲地摇啊，'大姐啊，大哥这一嗓子太突然了，受不了哇，快让大哥回家吧，人家唱歌要钱，他唱歌要命啊！'"

　　本山大叔唱歌再吓人，也不至于7个大爷昏倒6个吧。"白云"用夸张的语调告诉小崔，黑土（本山大叔）对唱歌不在行。

　　在与人交流的过程中，用夸张的说话方式给予巧妙暗示，极易产生特殊的幽默效果，既不伤害双方的和气，又能表明自己的看法和意图。另外，夸张制造出来的幽默常会带有一定的讽刺意味。

　　马克·吐温，原名塞姆·朗赫恩·克列门斯，他是美国的幽默大师、小说家、演说家，还是著名的幽默讽刺作家，他的幽默讽刺风格别具特色。

　　美国有一位百万富翁，他的左眼坏了，花好多钱请人给装了一只假的，这只假眼装得真好，乍一看，谁也不会认为是假的。于是，这百万富翁十分得意，常常在人们面前夸耀自己。

　　有一次，他碰到马克·吐温，就问："你猜得出来吗？我哪一只眼睛是假的？"马克·吐温指着他的左眼说："这只是假的？"富翁问："为什么？"马克·吐温说："因为你这只眼睛里还有一点点慈悲。"

　　马克·吐温巧妙地讽刺了这位富翁很冷酷，没有一点慈悲心。

　　马克·吐温有一次乘火车去一所大学讲课，因为时间紧张，他十分着急，但火车开得很慢。这时，过来一位检票员，问他："先生，您有票吗？"马克·吐温递给他一张儿童票。检票员仔细地打量他之后说："真有意思，我看不出您还是一个孩子哩！"

马克·吐温回答："现在我已经不是孩子了，不过，我买车票的时候还是孩子。"

马克·吐温没有将自己的不满向检票员抱怨，而是巧妙地对火车的缓慢速度做出了无限制的夸张，在相对轻松的氛围里委婉地提出了自己的抗议。

在我们日常的交流中，夸张手法可以灵活地运用在比较随意的场合，以活跃气氛，增加谈话的趣味。但在运用夸张手法时，我们必须以客观实际为基础，在不失真实感的前提下进行夸大或缩小，绝不能无中生有，信口开河，把事物过分夸大或缩小。

说服小贴士

需要注意的是，夸张不同于吹牛，吹牛不过是简单地吹嘘自己的能力，而夸张则可以扩大或缩小客观事物，但仍旧使人感到真实性和合理性，造成一种幽默的效果。

刻意歪解经典，惹人发笑

幽默是不肯正经其事的荒谬感。

——厄谢尔

歪解经典式幽默，是指利用众所周知的古代或现代经典文章、词句做原型，对其做出歪曲的、荒谬的解释，新旧词义、语义之间的差距越大，越显得滑稽诙谐。

唐代的《唐颜录》中，记载了北齐高祖手下有一个幽默大师叫石动筒，他很善于用歪曲经典式幽默跟别人智斗。

有一次，石动筒到国子监去参观，一些经学博士正在论辩，正说到孔子门徒中有72人能够在仕途上伸展自己的抱负。石动筒插嘴问："72人中，有几个是戴帽子的，有几个是不戴帽子的？"博士回道："经书上没有记载。"

石动筒说："《论语》上说'冠者五六人'，五六三十也；'童子六七人'，六七四十二也，加起来不就是七十二人吗？"

在《论语》中有这样一篇：孔夫子曾经跟曾子等人谈论自己的志向和理想，他说如果自己能带着五六个青年和六七个少年，自由地在河边田野的风中漫游，就算是如愿了。可是石动筒在这里单独拿出约数"五到六人"和"六到七人"，故意曲解成五六和六七相乘以后，又跟孔子门徒贤者72人附会起来，就变得很不和谐，并生发出诙谐的意趣。

有人故意曲解《礼记·曲礼》中"临财毋苟得，临难毋苟免"的意思。

某人生前作孽，死后下地狱，阎王罚他来生变狗。问他："你愿变公狗还是母狗？"某人回答："愿变母狗。"阎王问："为什么？"某人回答："《礼记》说得明白，面临灾难，母狗可以免灾。面临钱财，母狗可以得利。所以我愿意变母狗。"

这位下地狱者，把"毋"看成"母"了，"母"字当中是上下两点，"毋"字当中是一个撇出头。他竟然连笔画也弄错了。"苟"与"狗"，字形差别明显，读音却相同。于是"毋苟"便成了"母狗"。这个人把《礼记》中严肃的人生道德原则，曲解为死后还唯利是图的小人心态。

"一诺千金"出自司马迁的《史记》，说的是秦汉之际，跟刘邦一起打天下的武将季布，只要他答应的事情，多少金钱也无法改变。下面的笑话就歪曲地解释了这个典故：

有一个姑娘问小伙子："'一诺千金'怎么解释？"

小伙子说："'千金'者，小姐也；'一诺'者，答应也。"（意思是"小姐啊，你就答应了吧"。）

小伙子通过词义的曲解，把历史英雄的典故变成了眼前求爱的语言媒介，二者之间距离有多遥远，其产生的滑稽效果就有多大。

总之，我们要想让自己的讲话有谐趣，最好从不甚切合的远处着眼，以远取譬为佳。

说服小贴士

曲解经典是导致荒谬的办法之一，是喜剧性效果比较强的一种幽默技巧。

偷换概念，偷梁换柱式幽默

并不是每个人都能具有幽默态度。它是一种难能可贵的天赋，许多人甚至没有能力享受人们向他们呈现的快乐。

——西格蒙德·弗洛伊德

偷梁换柱式幽默是把概念的内涵大幅度转移、转换，使对方预期落空，进而产生意外的幽默情趣。偷换得越隐蔽，概念的内涵差距越大，幽默的效果越强烈。

幽默是一种情感思维方法，它与人们通常的理性思维方法有相同之处，也有不同之处。

幽默感不强的人往往以通常的思维方式去代替幽默的思维方式，其结果自然是幽默感的消失。

幽默的思维和通常的理性思维至少有两个方面是不同的：第一，在概念的实用及构成上；第二，在推理的方法上。

双方论的必然是同一回事，或者自己讲的、写的同一个概念前提要一致。如果不一致，就成了各说各的。因为同一个概念常常并不是只有一种含义，尤其是那些基本的常用的概念，往往有许多种含义。

老师："王凯，细心点！4加4等于几？"

王凯很有把握地说："等于8，老师。"

老师："你是怎么计算出来的？"

王凯："您把书桌的四个角都砍掉就明白了。"

王凯的回答故意偏离逻辑规则，不直接回答对方的问题。而在形式上响应对方的问话，通过有益的错位制造出幽默。这里的答非所问并不是思维混乱，而是用假错的形式，幽默地表达潜在的意图，形成幽默效果。可以说这一类的构成其功力就在于偷偷无声无息地把概念内涵进行大幅度的转移。

"先生，请问去医院怎么走？"
"这很容易，只要你闭上眼睛，横穿马路，5分钟以后，你准会到达的。"

这个例子好像完全是胡闹，甚至是愚蠢，可是人们为什么还把它当作一种高尚趣味呢？这是因为这个人幽默的回答转移了概念的真正所指，突然打破了这种预期，预期的落空产生了意外，这还不算幽默的完成，它的完成在与意外之后的猛然发现。

某家银行不允许职员留长发，因为留长发会给客户留下颓废和散漫的印象，有损银行的声誉。有一天，这家银行的经理和人事部主任接见一批经过考试合格的考生，发现其中有不少留长发的男子。考生们见人事部主任留着陆军式的发型，惶惶不安。不料，人事部主任在致辞时却说："诸位，我对于头发长短历来持豁达的态度。"留着长头发的人听到后，大感宽慰，情不自禁地鼓起掌来。人事部主任继续说："诸位的头发留多长都可以，只要保证头发长度在我和经理的头发长度之间就可以了。"众考生立即把目光投向经理，只见经理面带笑容地站起来，徐徐脱帽　露出了一个秃头。"哈哈哈！"考生们大笑起来。

显然，这家银行对于头发长短问题的"豁达态度"与该行对职员头发长短的"严格要求"，尽管语言形式不同，但所表达的是同一个概念。人事部主任采用不同的词语来表达同一个概念，很有创造性和幽默感。

说服小贴士

偷梁换柱是比较容易掌握的一种说话技巧，但在使用过程中要注意一些具体的问题。一是要在熟悉替代语的同时，弄清它的本来含义，否则，就有可能反被人认为是真愚真痴。二是要找出替代语与所喻对象之间的相似性，做到这点就不由得它不风趣可笑！

出其不意，给对方一个措手不及

幽默是生活波涛中的救生圈。

拉布

在与人沟通的过程中，我们经常会面对突如其来的状况，来不及思考。这个时候就需要随机应变地打破窘境的幽默。这种幽默使人眼前一亮，而且能够体现幽默者的智慧。

有一次，英国作家狄更斯正在钓鱼，一个陌生人走到他跟前问："你在钓鱼？"

"是啊！"狄更斯毫不迟疑地回答："今天，钓了半天，没见一条鱼；可是昨天，也是在这个地方，却钓到了15条鱼！"

"是吗？"陌生人又问，"那你知道我是谁吗？我是专门检查钓鱼的，这段江上是严禁钓鱼的！"说着，那陌生人从口袋里掏出一个本子，要记下名字罚款。

见此情景，狄更斯却反问："那么，你知道我是谁吗？"当陌生人惊讶之际，狄更斯直言不讳地说："我是作家狄更斯。你不能罚我的款，因为虚构故事是我的职业。"

狄更斯是通过自己巧妙的言语来化解"罚款"这一矛盾的。本来那个警察用"钓鱼"的方法执法，但是狄更斯毫不畏惧，马上回一句"你不能罚我的款"，无疑使对方钻入自己的圈套中。为什么不能罚？一句"虚构是我的职业"立刻否定了他原来被警察套出来的话，那么警察也就没有证据了。

幽默是一种生活艺术，是一种智慧的表现。它打破常理，出其不意地解决问题，巧妙化解矛盾，使一些误会或者矛盾瞬间被澄清或者化解。这样的化解方式要比大打出手、争吵不休体面，更能让人从心理上接受。

一次，里根总统在白宫钢琴演奏会上讲话时，夫人南希不小心连人带椅摔倒了。观众发出惊叫，但是南希灵活地爬了起来，在200名宾客的热烈掌声中回到自己的座位上。正在讲话的里根看到夫人并没有受伤，便插入一句俏皮话："亲爱的，我告诉你，只有在我没有获得掌声的时候，你才应该这样表演。"

这是一件令人尴尬的事情。里根总统在讲话现场用了一句幽默的话打破了尴尬的气氛。可以说，临场发挥的幽默才是最精粹、最有生命力的，充分体现了一个人的智慧。

不论你身居什么行业，什么职位，幽默力量都能助你一臂之力。它能使你善于待人接物，广交朋友，帮助你解决人际关系的难题，教你学会如何摆脱窘迫的处境。幽默可以随时将痛苦驱赶，让你快乐生活。

说服小贴士

幽默是活跃气氛最好的武器，它可以缓解活动或会议现场的紧张、尴尬气氛，重新营造愉快气氛，同时还可以展现说话者自身的涵养。

幽默有度，适可而止才悦人

> 凡事不要过分。
>
> ——忒壬斯

　　有人说，幽默是现代人为人处世的重要法宝之一；也有人说，幽默是烦闷生活中的调味剂。确实，在人际交往中，一个得体的玩笑不仅能锦上添花，让人觉得你是一个有魅力的人，而且还能化解尴尬的气氛，增进彼此之间的感情。但是开玩笑也要有分寸，玩笑过头很容易给对方造成伤害。

　　小李正在办公室整理文件，突然接到一位朋友的电话，电话那端语气急促地说："小李，你快点来商场吧，你儿子在乘坐电梯时把手指弄断了！"

　　小李听完当下就懵了，急忙跑出了办公室，他等不及电梯，就一口气从五楼跑了下去，然后按照朋友发的地址打了一辆出租车，火急火燎地往商场赶。

　　中途，小李的手机又响了："你现在在哪儿呢？"朋友问。

　　"我正打车呢？救护车到没？我儿子怎么样了？"小李急切地询问。

　　"你回去上班吧。"

　　"什么？我得去医院看我儿子啊。"小李以为这位朋友把事情都办妥了，他的儿子已经被送到医院了。

　　"哥们，逗你玩的，今天不是愚人节吗，逗你的。"朋友解释。

　　小李马上火冒三丈，自己从五楼跑到一楼，一路过来全身衣服都湿透了，这都不算什么，关键是那种心急如焚的滋味太痛苦了。小李越想越生气，干脆跑到朋友那里大闹了一顿，两个人不欢而散。

　　熟人、好友之间，偶尔开一个玩笑，本来是一件无伤大雅，且能带来快乐的事，但是总有一些人把玩笑开过了头，弄得彼此不欢而散，甚至因为几句玩笑话而伤感情，断交情。虽然故事中的场景是发生在愚人节，但是小李的这位朋友的玩笑确实太过分了，竟然拿小李亲人的人身安全开玩笑，难怪小李会跟他生气翻脸。

　　开玩笑应该把握分寸，适可而止，要想做到这一点，需要注意以下几点：

1. 开玩笑要看对象

　　人的身份、性格、心情不同，对玩笑的承受能力也不同。比如，很多时候开个玩笑只是无意之举，大不了一笑而过，但是如果对方是较真的人，你觉得是开玩笑，他可能觉得是讽刺。所以，开玩笑要看对象。

　　一般来说，后辈不宜同前辈开玩笑，下级不宜同上级开玩笑。若是同辈人之间开玩笑，要注意男女有别。比如，男性对玩笑的承受能力较强，可以适当开玩笑，但是女性正好相反，如果玩笑开得不得体，会使女性害羞难堪。

　　其次，开玩笑要抓住对方的性格特征。如果对方性格外向，为人大度，玩笑稍微大也无妨；如果对方性格内向，比较敏感，开玩笑就要谨慎了。

2. 开玩笑要分场合

　　美国总统里根在一次国会前为了试试麦克风好不好使，随口开了一个玩笑："先生们请注意，5分钟之后，我们将对苏联进行轰炸。"一语说完，全场哗然，并且，苏联政府为此提出了强烈抗议。

　　由此可见，在开玩笑时一定要注意场合，一般来说，若是严肃静谧的场合，不适合开玩笑；若是喜庆的场合，适当的玩笑能增添喜悦的气氛；工作时间，一般不宜开玩笑；茶余饭后闲谈时，可以开一些无伤大雅的玩笑。

3. 开玩笑要有度

　　开玩笑应该有一个底线，即玩笑不能伤害他人的尊严。如果玩笑使对方太难堪了，开玩笑就没什么意义了。比如，笑你的同学考试不及格，笑你的同伴在走路时跌了一跤，笑你的朋友被爱情骗子欺骗……本来这些都是应该报以同情的，但是成了你的笑料。这样做于你又有什么好处呢？只会让对方认为你是个冷酷无情的人。

说服小贴士

俗话说"癫子面前不谈灯泡"，对于别人的生理缺陷，比如兔唇、麻子、跛脚、驼背等，都属于一个人的不幸，他们需要的是你的同情，而不是冷嘲热讽的笑话。

第七章

入情入理，步步引导对方说"是"

　　为什么有些老师的教诲会改变我们的一生，而爸妈无论说得多好，却总是让我们不想听呢？为什么有些人的意见常常会得到同事们的支持，而有些人的意见却不受重视呢？

　　答案很简单，都是因为说服力。说服力的强弱，直接导致同样的事情出现迥然不同的结果。有说服力的人，能获得他人的认同，造就非凡的功业；而没有说服力的人，却只能终日黯然，碌碌无为。我们需要说服别人的能力与技巧，在本章中你会学到一身说服人的本领，步步引导对方说"是"。

用"6+1"提问法，引导对方说"是"

> 提出正确的问题，往往等于解决了问题的大半。
>
> 　　　　　　海森堡

我们要说服对方，争辩并不是一个聪明的办法。充分了解对方的想法，设法让对方回答"是"，才是一种成功的说服方法。

就一个人的心理状态来讲，当他说出"不"字时，他的心里也潜伏着这个意念，从而使他所有的器官、腺体、神经、肌肉完全集结起来，形成一个"拒绝"；反过来说，当一个人回答"是"的时候，他体内那些器官没有收缩动作的产生，组织处于前进、接受、开放的状态。所以，在一次谈话开始的时候，如果能够诱导对方说出更多的"是"，我们以后的建议或意见就比较容易获得对方的认同。

心理学家发现，如果连续地问对方6个问题并且让对方回答6个"是"，那么第7个问题或要求提出来后，对方也会很自然地回答"是"。这就是"6+1"提问法。

这种方法在实际运用中很有效。在销售过程中，这种方法能够使客户不知不觉地进入设计好的问题之中，从而为你的销售成功增加筹码。甚至国外的许多公司还请了心理专家专门设计了一连串让客户回答"是"的问题。我们看一下下面的经典案例：

销售人员沿街敲门，客户打开了门。

第一个问题："请问您是这家的主人吗？"对方一般都会回答"是"。

第二个问题："先生，我们要在这个社区做一项有关健康的调研，相信您对健康问题也是相当关注的吧？"对方也会回答"是"。

第三个问题："请问您相信运动和保健对身体健康的价值吗？"大多数人会回答"是"。

第四个问题："如果我们在您的家里放一台跑步机，让您试试，您能接受吗？当然这是免费的。"因为是免费的，一般人不会拒绝。

第五个问题："请问我可以进来给您介绍一下这台跑步机的使用方法吗？过两个星期，我们会麻烦您在我们的回执单上填上您使用的感觉，我们是想做一个调查，看看我们公司的跑步机使用起来方不方便。"

在这种情况下，几乎所有的客户都不会拒绝销售人员进门推销他的产品。

接下来，销售人员会接着问专家们已经设计好的问题，而客户只是在不停地点头。到最后，很多客户会心甘情愿地花上几千元钱买一台跑步机。

这就是利用了"6+1"提问法。在这样的模式下，销售人员可以顺利地开始介绍产品，并且成功地赢得客户。其他场合也可以用这种提问法，"6+1"提问法是一种非常简单而又实用的技巧。

同样，当我们说服别人时，也可以使用这种方法。

说服小贴士

需要注意的是，使用这种方法时，几个问题是提前设计好的，然后一步一步引导对方接受你的观点或建议。

切中对方的要害进行说服

> 如果你想要说服别人，要诉诸利益，而非诉诸理性。
>
> 本杰明·富兰克林

俗话说："打蛇打七寸。"说服对方的时候，如果能够抓住关键点，就会使说服达到事半功倍的效果。如果我们将可能带来的严重后果分析透彻，就不用不停地与对方进行周旋，对方深思熟虑后，自然会主动接受你的意见或观点。

我们来看一个有名的故事。

战国时，有一个名叫张丑的人在燕国当人质。

这一天，张丑听说燕王想杀死他，便急忙逃走。很快，他便来到燕国的边境。眼看离自由只有一步之遥了，不料却被燕国边境的巡官抓个正着。巡官以为这下立了大功，决定将张丑送回燕王处请赏。张丑心想：如果被送回去，肯定是死路一条，必须想办法逃走。思来想去，张丑终于想出一条妙计。张丑对看守他的兵士说："快去叫你们的头，我有话跟他说。"

看守连忙前去禀报。不大一会儿，巡官过来了。

张丑神秘地对巡官说："你知不知道，你们燕王为何要杀我？"

"不知道。为什么？"

张丑故意压低了声音说："燕王之所以要杀我，是因为有人说我有很多珠宝，而燕王却想要得到它们。事实上那些珠宝已经没有了，但是燕王不信任我。"

"这跟我有什么关系？"巡官不解。

"如要你现在把我送给燕王，他必定还要问我珠宝藏在何处。到时我就说，你把这些珠宝全吞在肚子里了，到时候……"张丑故意抬高了声音，"燕王肯定让你剖腹取珠，你的肚肠将被一寸一寸地割开。"

这时，巡官早已吓得不住地颤抖，赶紧放了张丑，让他逃出燕国。

张丑能够成功逃出燕国，原因在于抓住了巡官的要害，虚张声势，充分论述巡官把张丑送回燕国的危害，从而使巡官畏惧，最终放弃他的想法。

张晓和王飞在同一家公司上班，他们在工作中都是一把好手，并且是实力不分上下的竞争对手。他们两个人已经明争暗斗了很长时间，但一直不分胜负。

像他们两个人，一般情况下是没有合作的可能的，但任何事情都有出人意料的时候。前不久，同事们都在议论经理辞职的事情，并且马上要上任的新经理是一个很严厉且排外的人，他会带着自己的营销团队过来。

消息闹得沸沸扬扬，但是就在这个关键的时候，张晓又谈了一个大单子，而想要在新任经理来之前拿下这个单子，几乎是痴心妄想。只有找人合作，才能完成这个单子。经过深思熟虑，张晓找到了自己的竞争对手王飞。

不出意料，王飞听到这个合作的事情说："别开玩笑了，拿我寻开心吧。这样的大单子你怎么会拉上我！"显然，王飞对此难以置信。

张晓笑着说："哪有时间拿你寻开心啊。公司将有新经理来的事情，想必你也听说了吧？"

"这件事情公司上上下下的人有谁不知道呢？"王飞笑着说。

"但是这个新经理会带着自己的团队，据说其团队成员的能力都很强，这就说明公司要裁掉很多员工，我们将会面临被炒鱿鱼的下场。你我要想在公司站稳脚跟，继续留在这里，就必须要拿出成绩来。所以，我们必须干一票大的。正好我手上有一份很有分量的大单子，但是现在时间紧迫，如果我们合作，那么在最终的业绩单上可以写上我们两个人的名字。"

张晓将事情详细地分析完后，便沉默了下来，等待王飞的答复。能和张晓斗这么长时间都未曾一败的王飞，必然是一个十分聪明的人，因此，在略微思索后，他便爽快地答应了合作。

案例中的张晓直截了当地点出王飞的问题和不利后果，抓住了他的要害，最终促使他主动改变想法，接受合作。这对于很难缠的人来说，是一种非常有效的说服技巧。

因此，我们在说服别人的时候，要抓住对方的要害，将可能会发生的不好的严重后果说到对方的心里，让对方自己说服自己，这样便可以让对方找不出任何理由，甚至是不想找出理由来反驳我们的观点。

说服小贴士

谈判高手陈述的内容要言简意赅，切入重点。这样便于对方把握谈话要领，同时能做到速战速决，尽快切入主题，避免在枝节上纠缠不清。

巧用数据来说话，增加说服力

> 统计数字有时候非常枯燥，所以我们应该要用生动、鲜明的语言来说明这些数字。
>
> ——戴尔·卡耐基

西方思想史上的重要人物托马斯·卡莱尔曾说："人们应该尝试用数字说明一切。"数据具有非凡的说服力，当他人为我们提供一组数据后，我们的脑海里会立刻形成具体的图像、实践的成果、实践的前景，尤其是进行数据对比时，这种感觉更为强烈。作为说服高手，要想说服他人，除了语言，数据也是不可忽视的一点。

举个最简单的例子，当我们要强调抽烟对身体健康的危害时，如果只是一直强调"千万不要抽烟，抽烟容易得肺癌"，就很难说服别人。但是如果我们换一种说法："根据调查，抽烟者得肺癌的概率是不抽烟者的10倍。"抽烟的危害就不言而喻了。因此，当说服他人的时候加入具体的数字，我们就能够将基本的信息有效地传达给对方，从而为自己巧妙说服对方发挥力量。

1922年，来自纽约的一位女国会议员贝拉·伯朱格进行了一次演讲，呼吁在政治生活中给妇女平等地位。她说："几个星期前，我在国会倾听总统的讲话。在我周围落座的有700多人。我听到总统在说：'这里云集了美国政府的全体成员，有众议员、参议员，还有最高法院成员和内阁成员。'我环顾四周，在700多名政府要员中只有17人是女性，在435名众议员中只有11个是女性，100名参议员中只有1个女性，内阁成员中没有女性，最高法院中也没有女性。"她用不着多说了，因为无论说多少话，也比不上这几个数字更能说明问题。无论你是否同意她的观点，在这几个确凿的数字面前，都不得不承认在政治生活中存在着性别歧视。

贝拉·伯朱格的演讲赢得了公众的认可。这就是数据的力量，她仅仅用了几组数据的对比，就已经非常明显地向美国群众，甚至是世界群众表明了女性在政坛上微弱的影响力。无论对方是否赞成她的观点，在这些真实客观的数据面前都不得不承认，这个国家的政治领域确实存在着男女歧视、男女不平等的问题。

虽然运用数字能增强你的说服力，使你的语言更显真实可信，但在运用时也要注意以下一些问题：

首先，一定要保证运用数据的真实性和准确性，如果说服者的数据不够真实和准确，那说服也就不可能了，甚至对方会认为说服者在愚弄他们。

然后，使用的数据最好与一些具有较大影响力的人或者事件有关。

最后，使用数据要有度，不能滥用。使用数据是为了使你的话更具说服力，并不是让你去做数据的堆砌，千万不要企图使用庞大的数据征服你的听众。

总之，说服对方时要学会灵活地使用数据，以增强我们的说服力。最后建议，学会使用表格，让数据更清晰化。因为不是每个人都能从枯燥的数据中看到规律，你必须通过表格把数据整理出来，让人一眼就能从中发现规律。这样，对方能快速明白你的意思，从而引发思考的兴趣。

说服小贴士

如果能用小数点以后的两位数字说明问题，那就尽可能不要用整数；如果能用精确的数字说明问题，那最好不要用一个模模糊糊的约数来应付别人。

站在对方的立场考虑问题，让他心甘情愿地接受

永远按照对方的观点去想，从他人的立场去看待事情，这或许会成为影响你终生事业的一个关键因素。

戴尔·卡耐基

戴尔·卡耐基说："世界上唯一能够影响对方的方法，就是时刻关心对方的需要，并且还要想方设法满足对方的这种需要。"人们在交往过程中，难免会在思想上产生分歧，为了更好地理解人、帮助人和关心人，多从对方的立场看问题是很有必要的。凡事跟别人"调个位置"看看，必能增进了解和支持。说服人更要如此，多从对方的立场考虑问题，才能让对方心甘情愿地接受你的问题。

在销售过程中，很多销售人员根本就没有从客户的角度来提问的意识，满脑子想的只是自己的产品。那么，如何让客户心甘情愿地来购买产品呢？销售人员要站在客户的立场进行提问，让客户自己去得出结论，并让他认为那是他自己的想法。这样一来，他就会非常乐意接受你的产品，你也很容易赢得客户的信任。

以下是乔·库尔曼说服大客户博斯先生购买保险的过程。

博斯指着桌子上的一堆文件，说："寿险计划我已经派人送给纽约所有的大保险公司。其中有三个是我朋友开的，还有一个是我的至交开的。周末，我们常常一起打高尔夫球。他们公司的业绩是相当不错的。"

　　库尔曼听了博斯的一番话，附和着说："是的，世界上没有哪个保险公司比得上它。"

　　博斯先生听出库尔曼在附和自己，于是就说："库尔曼先生，情况就是这样。如果你一定要向我推销，那么你可以按我的年龄——46岁，25万的金额，做一个方案寄给我。我会把你的方案与他们的进行比较。如果你的方案又好又便宜，那么这笔生意就是你的了。不过，我认为你是在浪费我的时间，也是在浪费你的时间。"

　　库尔曼笑着说："我干保险已有多年，我劝您赶快把那些所谓的方案扔了。"

　　博斯先生十分诧异地问："你这话是什么意思？"

　　库尔曼说："首先，只有一名合格的保险统计员才能完全正确地解释那些方案，而成为一名合格的保险统计员则需要7年时间。其次，您所选择的公司都是世界上比较好的公司，也可能是价格比较便宜的公司。那么您应该怎么选择呢？是闭着眼睛随便拿一份，还是花几个星期精挑细选，其结果几乎完全相同。现在，我的工作就是帮助您做出选择。因此，我必须问您一些问题，您看怎么样？"

　　博斯觉得他的话有一定的道理，就肯定地回答道："行！"

　　库尔曼先生说："您健在的时候，那些保险公司可以让您信任，但您百年之后，您的公司还信任他们吗？您认为是不是这样？"

　　博斯先生回答道："不错，是这样。"

　　库尔曼接下来又说："现在重要的，也是罕有的重要的，是不是应该把您的风险转移到保险公司一方？"

　　"当然！"

　　"人的安全比农作物更重要。庄稼尚且如此，人是不是更应该买保险？给自己买一份保险是不是就更加重要？难道您不觉得应该把风险降到最低吗？"

　　博斯先生抬起头来，望着他回答道："这我倒没想过，但可能性很大。"

　　库尔曼接着说："如果您还没有买保险，是不是就会损失一大笔钱财，而且也会损失您生意上的收益？"

　　博斯先生问道："何以见得？"

库尔曼说："今天早上，我约好了卡克雷勒医生，他在纽约很有名，每家保险公司都承认他的体检证明。他的设备既齐全又先进。可以说，只有他的体检证明才适用于25万元的保单。"

博斯先生疑惑地问："难道别的保险代理就做不了吗？"

库尔曼先生说："他们今天上午是不行了。博斯先生，这次体检很重要，您不能大意。我们现在可以试想一下，您现在给他们打电话，他们下午为您安排体检。首先，他们会找一个普通的医生给您检查，很可能是他们的朋友。检查结果最快今天晚上寄出，主管医生明天早上才能看到。如果他发现要冒25万美元的风险，必然安排第二次体检。同时，还要准备必要的仪器，时间将被拖延。如果这样拖延下去，您将会有怎样的损失呢？您应该知道，未来是不可预知的，什么事都可能发生。"

博斯先生认同地说："我再考虑一下。"

库尔曼又说："假设您明天早晨突然感冒，嗓子发痛，咳嗽不止，因此躺了一个星期。当您好了，您再去做那辛苦的体检，保险公司可能会说：'博斯先生，看到您恢复健康，我们非常高兴，但考虑到您的感冒，我们可能要附加一个小小的要求，就是再观察您三四个月，以确认那是急性的，还是慢性的。'您看，时间将一直拖延下去。博斯先生，这些都可能发生吧！"

博斯先生回答道："是的。"

库尔曼说："那么您的损失，谁来确保呢？"

博斯先生再次表示认同："这确实是一个问题。"

库尔曼又说："博斯先生，现在是11：10，若现在动身，还能赶上卡克雷勒的约会——11：30。您现在看上去气色很好，如果体检没什么问题，您的保险将在48小时后生效。我相信您的感觉一定不错。"

博斯先生很高兴地说："感觉好极了！"接着博斯先生昂起头，点燃一支烟，拿起帽子，说："小伙子，走吧！"

从案例中得知，库尔曼是站在博斯先生的立场上进行提问的。在提问的过程中，他知道博斯先生需要什么样的产品。通过提问，也让博斯先生明白了自己的需求，让博斯先生找到了自己真正需要的东西，不再盲从，因为他有了自己的判断。库尔曼不仅让博斯先生自愿地购买保险，还与博斯先生成了好朋友。

这种方法也可以用于人与人之间的沟通中。站在对方的立场进行提问，他才会心甘情愿地接受你的建议或要求。

说服小贴士

亨利·福特说："如果你想拥有一个永远成功的秘诀，那么这个秘诀就肯定是如何站在对方的立场上考虑问题。这个立场是对方感觉到的，但不一定是真实的。"能够掌握这个秘诀并且应用到说服中是一种能力，一种让你获得成功的能力。

多用积极字眼，暗示对方接受你

> 恰当地用字极具威力，每当我们用对了字眼……我们的精神和肉体都会有很大的转变，就在电光石火之间。
>
> ——马克·吐温

我们都知道，透过五大感觉器官，我们可以把周围一切的现象输进大脑中，这些现象包括视觉的、听觉的、触觉的、嗅觉的和味觉的，经过感觉器官的"诠释"后成为我们内心的种种感受。然而我们要如何才能描绘出这些感受呢？最快且最有效的方法便是给它们贴上识别的标签，而这些标签便是我们所说的"字眼"。

字眼就好像"模子"一样，我们的感受就像"浇铸的液体"，我们不经考虑便把自己的感受随便倒进一个模子里，也不管是不是还有其他更合适或更正确的模子。遗憾的是，我们的感受经常倒进的模子是消极的、颓丧的。

使用积极的字眼，最能振奋我们的情绪；使用消极的字眼，就必然很快地使我们自暴自弃。

在说服对方时，如果我们把"不可能""不同意""令人怀疑"或"郁闷"等消极的字眼挂在嘴上，那么对方就会不易接受，甚至可能引起他们的抗拒。如果我们使用积极的字眼类似"同意""不错""值得赞美"等，对方就会很乐意地接受你的信息。

历史上许多伟大人物就是因为善于运用字眼的力量，大大地激励了当时的人们，决心跟随着这些伟大的人物，结果塑造出今天的世界。的确，用对了字眼不仅能打动人心，同时更能带出行动，而行动的结果便展现出另一种人生。

当派屈克·亨利站在十三州代表之前时，他慷慨激昂地说："我不知道其他人要怎么做，但就我而言，不自由，毋宁死。"这句话激发了大家的决心，誓要推翻长久以来骑在他们头上的苛政，结果造成燎原之火，美利坚合众国于是诞生了。

再看下面的故事：

有一个名叫马丹的年轻人。他从小就是孤儿，而且身材矮小，长相一般，就连说话都带有法国乡村口音。因此，他一直看不起自己，也不敢出去找任何工作，更别提结婚了。马丹感到很无奈，不知道自己是否还有活下去的理由。

好朋友勒戈夫实在不忍心看到他这样，决心帮助他。勒戈夫突然想到一个好办法。他兴冲冲地跑来告诉马丹一个消息："我刚从报纸上看到一条新闻，拿破仑曾丢失了一个孙子。上面描述的相貌特征，与你丝毫不差！我想，你肯定就是拿破仑的孙子！"

"真的吗？我竟然是拿破仑的孙子？"马丹一下子精神大振。他赶紧拿来拿破仑的画像，比较了一番，感觉还真是非常像。马丹想象着"身材矮小的拿破仑爷爷曾经指挥千军万马，用带着泥土芳香的法语发出威严的命令，他顿时感到自己矮小的身体里同样充满着力量，就连自己不标准的口音，听起来也带有几分高贵和威严。"

第二天，他充满信心地去公司面试了。二十年后，马丹成了集团总裁。

从这个故事中我们看到了，马丹的朋友使用了积极的话语，有效地调动了他积极的一面，最终马丹走出了绝境，并且创造了一番事业。可见积极字眼的力量。

因此，说服别人时，我们要改变平常使用消极字眼的习惯，多使用积极字眼的词，让对方朝着积极的方向走。

说服小贴士

多用积极字眼的重要例句："您好，我可以帮您做些什么吗?""您的问题，我们完全可以解决。""虽然我现在给不了您要的答案，但我一定会尽快解决。""我们一定会满足您的要求。""我们将随时为您提供最新信息。""我们保证按期交货。""非常感谢您能接受我们的服务。"

借用"权威"让自己更有说服力

只要你说话有权威，即使是撒谎，人家也信你。

契诃夫

一位教授做过一个这样的实验：在化学课上，这位教授拿出一个小瓶子，告诉学生这是一位著名化学家的最新研究成果，里面装有一种化学物质，有气味，如果谁闻到了气味，要举手告诉他，结果多数学生都举起了手。

但是实际上，瓶子中装的是没有气味的蒸馏水，而不是什么化学物质，只是在著名化学家这一权威者的影响下，大多数学生才认为它有气味。这便是"权威效应"。

"权威效应"也叫权威暗示效应，是指如果一个人地位高、有威信，就会受人敬重，而他所说的话以及所做的事情就很容易引起别人重视，并让他们相信其正确性。我们中国有句话叫"人微言轻，人贵言重"，说的也是这个道理。

通过"权威效应"，我们在向对方传达这样一个信息：这可是权威人士说的话，是不容置疑的。这样能给对方一定的心理压力，让对方相信这是正确的，从而使对方信服。

其实人们很早就学会了用"权威效应"，来达到说服他人的目的。

麦哲伦因为举世著名的环球航行在世界航海史上留下了光辉的篇章，但是你可知道，麦哲伦在说服西班牙国王赞助并支持自己的航海事业时困难重重？原来，在麦哲伦那个年代，海航事业蔚然成风，很多人打着航海家的幌子到皇室骗取钱财，所以西班牙国王对于所谓的航海家一直持怀疑态度。那么，麦哲伦是怎么说服国王的呢？

当时，有一位著名的地理学家叫帕雷伊洛，是人们公认的地理学界的权威，麦哲伦找到了他，让他陪自己去说服国王。这位地理学家在见到国王后，大讲一通麦哲伦环球航海的必要性与各种好处。因为是权威人士，所以国王非常信任他，于是同意了麦哲伦的航海计划，这才有了麦哲伦环球航海的壮举。

但是，人们在事后才发现，这位权威的地理学家并不是那么权威，因为他对世界地理的认识是不全面的，甚至是错的。比如，对于经度、纬度的计算就出现了诸多偏差。不过这些都已经无关紧要了，因为在"权威效应"的作用下，麦哲伦已经达到了自己的目的。

事实上，在现实生活中，人们很信赖权威。有位心理医生做过一个有趣的实验，他把自己的医师证书挂在了办公室的墙上，他发现，每当病人看到墙上挂着的证书时，他们往往会更容易接受自己的建议。

事实便是如此，如果一位推销人员对你说"这种洗发露效果很好"，你可能会怀疑他，认为这是他推销产品的一种手段；如果是一位名人说"这种洗发露效果很好"，多数情况下你会选择相信他，并买上试一试。

白兰地口感柔和，香味纯正，被人们称为"葡萄酒的灵魂"，深受人们的喜爱，而且长销不衰，但是在20世纪50年代，情况并非如此。

当时法国是白兰地的主要产地，为了扩大白兰地的销路和影响力，酒商把目光投向了正在飞速发展的美国。一次，当时的美国总统将要过生日，这些酒商抓住了这次机会，广泛地利用两国的新闻媒体大肆宣传，说是要送白兰地给总统过生日。于是在总统生日的前一个月，白兰地便成了人们茶余饭后津津乐道的话题。而且大家都相信，既然总统喝的酒，必定是好酒，于是纷纷购买。就这样，很快，白兰地便打入了美国市场。

　　"总统喝的酒，必定是好酒"，这些酒商运用了"权威效应"，成功说服了消费者，让白兰地声名远扬。

　　所以，在说服他人的时候，不妨利用一下"权威效应"。比如：告诉对方"我很懂行，我是这个领域的专家"；告诉对方，"这是某某大师的建议"或"某位名人也喜欢这样做"；与人辩论、说理时引用一些权威人物的话；等等。

说服小提示

　　"权威效应"的普遍存在，首先是由于人们有"安全心理"，即人们总认为权威人物往往是正确的楷模，服从他们会使自己具备安全感，增加不会出错的"保险系数"；其次是由于人们有"赞许心理"，即人们总认为权威人物的要求往往和社会规范相一致，按照权威人物的要求去做，会得到各方面的赞许和奖励。

巧用实例，让对方在事实面前低头

> 事实比辞令更丰富。
>
> ——奥斯汀

"有理走遍天下，无理寸步难行"，说服他人也是一样，如果你的观点仅仅是一些理论性的骨架，没有实例的支撑，即使你有三寸不烂之舌，也是没有足够说服力的。

王涛这个人很有意思，对任何事物都喜欢品头论足，自诩有一番独到的见解。比如，有同事问他："今天新上映的电影听说不错，要不去看看？"王涛通常会拒绝："我才不去，一点儿内涵也没有，浪费钱。"同事疑惑道："你去看过了？不对啊……"

又比如，最近小区附近开了一家烤鱼店，朋友们邀请王涛一起去，他会说："千万别上当，他们家的烤鱼做得不行。"朋友们又问："你吃过了？"王涛挠挠头说："这个倒没有，听说是不好吃。"

时间长了，大家都觉得王涛这个人说话太不靠谱了，于是就不愿意跟他聊天了，玩的时候也不再询问他的意见，因为大家知道，王涛的话根本站不住脚。

当说出一个观点想要别人信服时，我们必须要用事实来支撑，而不是像王涛那样说一些泛泛的、空洞且没有什么意义的话。比如，如果你说"明天天气不好"，则应该再加上一句话"天气预报说明天会有雨"，有了这样一个事实，别人才会相信你。

假如你要刊登一则广告，推销某种药品，有以下两种方式供你选择：第一种是把这种药品的成分、功能、用法详细介绍一遍；另一种是找一个患者亲身服用的例子，由患者来讲述该药的效果。你会采取哪种方式呢？

倘若你是一名优秀的说服者，就应该知道实际的例子比一般性的理论介绍更有说服力，选哪个自然不言而喻了。俗话说"事实胜于雄辩"，在日常生活中，你要说服别人，就需要用事实说话，多使用具体的例子，这样即使对方有再高明的辩论技巧，在事实面前也会低下头。

在第二次世界大战期间，为了赶在德国之前制造出原子弹，美国总统罗斯福的私人顾问萨克斯受爱因斯坦、奥本海默等人的委托，带着爱因斯坦的信件去劝说罗斯福下令研究原子弹。俗话说"隔行如隔山"，尽管萨克斯费尽口舌，百般陈述利害，罗斯福的反应仍然十分冷淡。该怎样说服总统呢？萨克斯思前想后，终于想出了一个好办法。

第二天，在两个人共进早餐的时候，罗斯福说："今天不许再谈爱因斯坦的信，一句也不许谈，明白吗？"萨克斯看了一眼总统，笑了笑，说："那么我就谈一点历史吧。当年，拿破仑横扫欧洲大陆，却唯独在英国人手下吃了亏，知道是为什么吗？"

罗斯福饶有兴致地看着他，示意他继续说下去。萨克斯知道机会来了，于是说："英法战争期间，拿破仑在海上屡战屡败。这时，一个叫富尔顿的小伙子建议拿破仑将法国战舰的桅杆砍断，风帆撤去，木板换成钢板，再装上蒸汽机，以此提高海军的战斗力。不料拿破仑根本不懂这些东西，一气之下把富尔顿当成疯子轰了出去。后来历史学家们认为，正是由于拿破仑拒绝了富尔顿的建议，才使得英国幸免于难。"

说到这里，萨克斯停顿了一下。这时，罗斯福的神色已经开始凝重了起来。萨克斯赶紧趁热打铁，说："总统先生，如果当时拿破仑接受了富尔顿的建议，也许19世纪欧洲的历史就要重写了。"

听完后，罗斯福沉思了几秒钟，最后说："你胜利了，我决不做第二个拿破仑。"

当然，我们用事实说服他人也无须次次引经据典，当一时想不起来合适的例子的时候，不妨谈一谈自己的亲身经历。例如，一些难忘的事，美好的回忆，等等。由于是自己亲身经历的，所以讲的时候必定会很真切，容易与人产生共鸣，对方自然会被你吸引，被你说服。

说服小贴士

在讲述亲身经历的时候，应该注意以下两点：第一，说话时加上具体事件发生的时间；第二，讲述的事情要符合人们的思维习惯。如果你讲述的事情与人们平常的思维习惯相差甚远，你的实例不仅没有说服力，甚至还会让人觉得你是在编造故事。

语言诱导，打动人心

> 一般的人都用语言来表达交流思想，而聪明的人则用它来掩饰思想。
>
> 罗·索斯

有这样一个有名的故事：

在繁华的巴黎大街的路旁，站着一个衣衫褴褛、头发斑白、双目失明的老人。他不像其他乞丐那样伸手向过路行人乞讨，而是在身旁立了一块木牌，上面写着："我什么也看不见！"不用说，他是因为生活所迫才这样做的。街上过往的行人很多，那些穿着华丽的绅士、贵妇人，那些打扮漂亮的少男少女们，看了木牌上的字都无动于衷，有的还淡淡一笑，便扬长而去。

这天中午，法国著名诗人让·彼浩勒也经过这里。他看看木牌上的字，问老人："老人家，今天上午有人给你钱吗？"

"唉！"老人无奈地回答，"我，我什么也没有得到。"说着，脸上显现出悲伤的神情。

让·彼浩勒听了，拿起笔悄悄地在那行字的前面添上了"春天到了，可是我什么也看不见！"几个字，就匆匆地离去了。

晚上，让·彼浩勒又经过这里，问那个老人下午的收入情况，那老人笑着对他说："先生，不知为什么，下午给我钱的人多极了！"让·彼浩勒听了，摸着胡子满意地笑了。

"春天到了，可是我什么也看不见！"这富有诗意的语言，产生了这么大的作用，就在于它有非常浓厚的感情色彩。是的，春天是美好的，那蓝天白云，那绿树红花，怎么不叫人陶醉呢？但这良辰美景，对于一个双目失明的人来说，只是一片漆黑。这是多么心酸呀！当人们想到这位盲人，一生中连万紫千红的春天都不曾看到，怎能不对他产生同情心呢？

寥寥几个字，就使原本平淡无奇的一句话充满了浓厚的感情色彩。正是这句饱含了感情的话，一下说中了他人的内心深处，更有力地说服他人对这位盲人献出爱心。

因此，在说服他人的过程中，恰当地使用诱导语言，会使说服取得理想的效果。同时，语言诱导切不可滥用，一定要恰到好处。那么，具体要注意哪些因素呢？

1. 语言诱导要有目的性

在进行语言暗示的时候，必须要有一个明确的目的，也就是说，要有一个所要实现的目标作为指引，不能直接去说服，而必须让说服中所有的语言指向你那个明确的目的。例如，你要说服客户购买你的健身产品，在设计以健身为目的的暗示语时，必须围绕着健身进行。

2. 语气要带有诱惑性

在销售过程中，一流的销售人员的话语会带给人强大的暗示和指引，而让不懂技巧的人来说则会显得毫无价值，这就是在说服的过程中，使用一定技巧的重要性。

销售人员的目的在于引导客户进入说服过程，并且可以毫无防备地接受销售人员所施加给他的各种语言暗示，因此，如果要让这些有价值的引导语言完全进入人的意识中，就需要积累一定的经验。

要特别注意的是，语气要轻柔且让人感觉到像是一种来自遥远地方的引导指令，让人们在毫无防备的情景下自然地接受这些指令。

3. 诱导用词的适当性

在说服的过程中，语言诱导时要注意运用合适的时间词，要让这些代表时间的词或短语引起人们的注意力，起到较强的效果。这些合适的时间副词会让人产生不一样的理解力，恰当地运用带有假设含义的语言，如："你打算多快做这个决定？"暗示了你一定会做出决定；"你准备什么时候开始更进一步的合作？"暗示了你已经处在合作状态，同时你还要继续合作下去。

另外，一些带有否定意思的词语也有一定的语言诱导作用，如"在你没有做好充分准备前，不要轻易购买"，其实暗示了你一定会购买，同时暗示你去做充分的准备。这种恰如其分的暗示，会让客户对销售人员更信任。

说服小贴士

利用语言诱导对客户进行暗示和说服，必须在实践中融会贯通，灵活运用。只有把握住分寸和尺度，才能产生说服的效果。

第八章

探求对方心理，委婉说服才能收获好人缘

要想说服对方，不但要知道自己应该怎么说，而且要提前摸清对方的真实心理。换句话说，说服最终的目的就是让人心服。很多时候，说服者往往本末倒置，一味地喋喋不休，这样反而会适得其反。只有事先了解对方的心理，把握其微妙的心理动态，才能灵活应对，采取最适宜的委婉说服方法打动对方的心，使说服工作事半功倍。

迂回出击，才能不碰钉子

> 在战略上，那漫长的迂回道路，常常又是达到目的的最短途径。
>
> ——利德尔·哈特

很多时候，直言不讳确实不可取，常常既伤人又伤己。将直白的话迂回表达是聪明之举，也是说话的王道。因此，在说服别人的过程中，如果不能直接找到最佳的突破点，我们不妨使用迂回说服。

古代，迂回曲折的战术经常会用到战争中。这样避重就轻的好处是，可以麻痹敌人，出其不意，攻其不备。历史上，也有很多文人志士采用这种策略向皇上进言。

楚襄王整日不思进取，只求个人享乐，不理朝政，不断割地赔款，而且听信小人谗言，结果接连被秦国攻城略地，江山社稷岌岌可危。

但软弱的楚襄王并没有奋起反抗，而是一味地隐忍退让，期待秦国人会良心发现，适可而止。他的这种做法，让很多关心国家安危的大臣们十分着急。大臣们纷纷进谏，但楚襄王一个也不理。很多人屡次进谏都没能获得成功，反而遭到楚襄王的反感，说他们多言滋事，危言耸听。

当时，朝中有一位名叫庄辛的大臣，足智多谋，他见国家日渐衰亡，看在眼里，急在心上，又见众人劝说无效，就亲自去找楚襄王。

楚襄王正在花园赏花，见庄辛到来，知道又是来劝谏的。楚襄王打定主意，无论庄辛说什么，自己都当作耳旁风。所以，等庄辛来到他身旁时，他只瞄了庄辛一眼，便一言不发。

庄辛明白自己若是直接劝说，肯定会与群臣一样无功而返，楚襄王是听不进去的，只有另辟蹊径，才能进谏成功。

这时，恰好有一只蜻蜓飞来，庄辛的脑海里马上闪过一个念头，他说："大王，您看见那只蜻蜓了吗？"

楚襄王一听，觉得有趣，便说："看见了，有什么特别吗？"

庄辛继续说："它活得多舒服呀！吃了蚊子，喝了露水，停在树枝上休息，自以为与世无争，世人不会对它怎样，但它哪里知道，树下正有个小孩拿了黏竿等着它呢！顷刻之间，它就会坠下来，被蚂蚁所食。"

楚襄王听了，面露凄然之色。

庄辛又说："您看到那只黄雀了吧？它跳跃在树枝上，吃野果，喝溪水，自以为与世无争，世人不会对它怎样，但它哪里知道，树下正有个童子，拿着弹弓对准了它。顷刻之间，它就会坠下树来，落在童子手中。"

楚襄王听了，开始面存惧色。

庄辛又说："这些小东西不说了，再说那鸿鹄吧！它展大翅，渡江海，过大沼，凌清风，追白云，自以为与世无争，世人不会对它怎样，但它哪里知道，下边正有个射手搭弓上箭，已瞄准了它，顷刻之间，它就要坠下来，成为人间美味呢！"

楚襄王听了，惊起了一身鸡皮疙瘩。

庄辛又说："禽鸟的事不足论，再说一下蔡灵侯吧。蔡灵侯左手抱姬，右手挽妾，南游高陵，北游巫山，自以为与世无争，别人不会对他怎样，哪知子揽已奉了楚宣王的命令，前去征讨他而夺其地了，顷刻之间，蔡灵侯将死无葬身之地。"

楚襄王听了，吓得手脚抖动起来。

庄辛又说："蔡灵侯的事远了，咱说眼前吧。大王您左有州侯，右有夏侯，群小包围，日夜欢娱，自以为与别人无争，会得到别人的容忍，哪知秦国的穰侯已得了秦王之令，正率重兵向我国进发呢！"

听了庄辛的陈述，楚襄王的脸色一点点变白，浑身发抖，他决心痛改前非，重振国威。庄辛的进谏忠心可嘉，楚襄王为此奖赏了他；庄辛又因劝君有方，被加封为阳陵君。自此，楚襄王励精图治，与秦人一争高下。

都是要劝楚襄王振作起来，别人的话楚襄王听不进去，庄辛的话却让楚襄王吓得全身发抖，原因在于庄辛在说服楚襄王的过程中拐了一个弯儿，采用了迂回战术。他抓住了两个关键点，一是把国家的生死和楚襄王的生死利害关系连在一起；二是用画面和实例来吓楚襄王，让楚襄王听了这些话就想到具体的画面。当他想到其他人如蔡灵侯的真实下场时，自然就会想到自己的下场。

当你说服他人的时候，是否也经常遇到他人的强烈反对呢？与其针尖对麦芒地辩论，不如改变方法，从其他的途径进行说服。所谓条条大路通罗马，在劝人时不必直来直去、正面交锋，直白的语言很可能会招人反感，采取迂回的战术，让他人自觉明白自己的过错，才能出奇制胜。

说服小贴士

迂回说服是一种柔和的策略。在说服他人的过程中，不要直接点明主题，而要采用迂回的方式，先说一些无关紧要的闲话，然后再慢慢步入正题。需要注意的是，运用迂回说服的策略时，要注意把握好时间，找机会快一点切入主题，千万不要让人失去耐心。

与其针锋相对，不如以退为进

> 处世让一步为高，退步即进步的张本；待人宽一分是福，利人实利己的根基。
>
> 　　　　　　　　　　　　　　　　　　　　　　　　　　　——洪应明

　　说服就像一场谈判。有些人在谈判过程中一味地抱着己方的观点和价码，不管对方做何反应，都拒绝做出任何改变。这种"一言堂"的心态，是很容易让谈判对手厌恶的。既然能够坐到谈判桌上就合作问题展开交流，就应该有真诚的态度。谈判的双方是平等的，没有谁必须听从谁的说法存在。当对方做出让步时，我方也应该有所缓和，这样谈判才能继续进行下去。相反，对方不让步，我们该如何做呢？

　　这时，谈判高手都会不择手段地掌握对方的真正意图，摸清对方的底牌，掌握谈判的主动权，采取主动让步，以退为进的策略。这种方法从表面看起来是我方做出了让步。其实，我们的让步只是一种诱饵，目的是摆出高姿态，逼迫对方让步。

　　19世纪末，一家法国公司跟哥伦比亚签订了合同，打算在哥伦比亚的巴拿马省境内开一条连通大西洋和太平洋的运河。主持运河工程的总工程师是因开凿苏伊士运河而闻名世界的法国人雷赛布，他自以为这一工程不在话下，然而巴拿马环境与苏伊士有很大的不同，工程进度很慢，资金开始短缺，于是公司陷入了窘境。美国早在1880年就想开一条连贯两大洋的运河，但是法国先下手与哥伦比亚签订了条约，为此美国十分懊恼。

在这种形势下，法国公司的代理人布里略访问美国，向美国政府兜售巴拿马运河公司，要价1亿美元。美国知道法国拟出售公司是欣喜若狂。然而，美国却故作姿态，罗斯福指使美国海峡运河委员会提出报告，证明在尼加拉瓜开运河省钱。报告指出，在尼加拉瓜开运河的全部费用不到2亿美元。虽然在巴拿马运河的直接费用只有1亿多，但另外要付一笔收买法国公司的费用，这样，开巴拿马运河的全部支出将达2亿5000多万美元。

布里略看到这个报告后大吃一惊。如果美国不开凿巴拿马运河，法国不是一分钱也收不回了吗？于是他马上游说，表明法国公司愿意削价，只要4000万美元就行了。通过这一方法，美国就少花了6000万美元。罗斯福又用同一计策来压哥伦比亚政府。他指使国会通过一个法案，规定美国如果能在适当时期内同哥伦比亚政府达成协议，将选择在巴拿马开运河，否则，美国将选择尼加拉瓜。这样一来，哥伦比亚也坐不住了，驻华盛顿大使马上找美国国务卿海约翰协商，签订了一项条约，同意以100万美元的代价长期租给美国一条两岸各宽3公里的运河区，美国每年另外付租金10万美元。

罗斯福成功地拿到巴拿马运河的开凿权，就是抓住了对方的心理，以退为进，逼迫对方不得不同意自己的要求。这样的退其实是进攻。哥伦比亚方显然处于弱势，所以只能答应了罗斯福的要求。罗斯福运用"以退为进"这种策略，使美国只用了很少的代价，就攫取了巴拿马运河的开凿和使用权。

这种"以退为进"的策略不仅应用在谈判上，还可以应用在人际交往中、销售中等。

一天，原一平去烟酒店拜访。这家烟酒店是上次直接加盟的新客户，不过，投的保额很小。由于已成为客户，而这天是第二次拜访，原一平自然而然比较松懈、随便，以致把原来头上端端正正的帽子都戴歪了。

原一平一边说"晚上好"，一边拉开玻璃门，应声而出的是烟酒店的小老板。虽然是小老板，但年纪已经不小了。

小老板一见原一平，就生气地大叫起来："喂！你这是什么态度，你懂不懂礼貌？歪戴着帽子来拜访你的客户吗？你这个大浑蛋。我是信任明治保险，也信任你，真没想到我所信赖公司的员工，竟然那么随便、无礼。你出去吧！我不投你的保了。"

听完，原一平恍然大悟，马上双腿一屈，立刻跪在地上。"唉！我实在惭愧极了，因为你已经投保，就把你当成自己人，所以太任性随便了！"

原一平继续道歉说："我的态度实在太鲁莽了，不过我是带着向亲人的问候来拜访你的，绝没有轻视你的意思，所以请你原谅我好吗？千错万错，都是我的错，我太鲁莽了。"

小老板突然转怒为喜："喂！不要老跪在地上，站起来吧，站起来吧，其实我大声责骂你，是为你好，我是不会介意的。不过你想如果你这个样子拜访别人，别人肯定以为你没诚心。"接着他握住原一平的双手，说："惭愧！惭愧！我不应该这样对你，咱们是朋友。我也太无礼了。"

两人愈谈愈投机。小老板说："我向你大发脾气，实在太过分了，我不是投保了5000元吗？我看就增加到3万元好啦！"

人总会有犯错误的时候，问题是犯错误之后，要懂得随机应变，要有灵敏的反应，以便挽回劣势，反败为胜。特别是遇到一个特别难缠的客户，最好采取"以退为进"的策略，这一招特别奏效。如果你只是一味蛮进，就会犹如逆水行舟不进反退。

说服他人就是一场较量。你觉得你的观点是对的，对方同样也觉得自己的观点正确无比。这时，针锋相对的理念已经很难扭转，也很难说服对方。此时，我们不妨使用"以退为进"的策略，这样才能"柳暗花明又一村"。

说服小贴士

需要注意的是，这里所谓的让步必须在能够承受的能力范围内，否则一旦对方接受条件，我方在谈判桌上就不能出尔反尔。

把你的观点"包装"为对方的观点

> 如果在你说服他人时，仅仅只是提出意见，但最后的结果让对方通过思考而得出，让对方在潜意识中认为这个观点就是他们自己想出来的，这样往往能更容易说服他人。
>
> ——戴尔·卡耐基

在人与人的交流中，人们往往觉得自己的观点比别人的更正确。因此，说服他人时，他们只想着按照自己的意愿让别人接受自己的观点。殊不知，对方也是这样想的。结果就是谁也说服不了谁，各自持有自己的观点，谁都不妥协。

心理学研究表明，没有人愿意被强迫或者被命令去做一件事情，除非他认为那是自己的想法，自己觉得必须或者应该这么做。对于别人的意愿而言，人们通常更加关心自己的意愿和需要。因此，我们完全可以让自己的观点变成别人的观点。

布鲁克林市的一家医院拟购进一台X光检查仪，具体的购买事宜由爱沃尔医生负责。那些消息灵通的推销员们一下子就把爱沃尔医生包围住了。他们向医生介绍自己的产品的优越性能和低廉价格，希望能够打动这位医生。

爱沃尔医生感到十分为难，因为这些产品让他眼花缭乱，而推销员的花言巧语也不能尽信。一天，他收到了一封信，写信的也是某一家X光检查仪的制造商。

"最近我们生产了一种新式的X光检查仪。由于是新产品，毫无疑问，它在某些方面需要继续改进。但是，我们并不知道该如何改进。您是这方面的专家，我们非常希望您能在百忙之中来看看我们的仪器，给我们提出改良的方案，使它能够适合医院的临床应用。我们知道您的时间非常宝贵，但是我们还是希望你能够前来，届时我们将派专车去接您。"

这封信让爱沃尔医生受宠若惊。实际上，他对这种X光检查仪并不很熟悉，也没有人向他征询过有关这种仪器的意见。虽然他很忙，但是他还是取消了其他约会，去看了那套设备。结果呢，可能因为心理因素作怪，他越来越喜欢那套仪器，并且相信那套仪器简直无懈可击。最后他主动说服了医院方面购买了那套设备。

制造商巧妙地让爱沃尔医生自己去发现仪器的优点，并说服他购买了那套设备。这种方法确实高人一等，也难怪他们能够成功地取得竞争的胜利了。

爱德华·豪斯上校在威尔逊总统执政时期，在国内外事务方面具有很大的影响力。威尔逊对豪斯的秘密策划及建议的依赖，比对他自己的内阁成员还多。豪斯上校是用什么方法影响总统的呢？我们有幸得知这个答案，因为豪斯自己对亚瑟·D.史密斯说过，而史密斯又在《星期天晚报》披露了。

"'认识了总统以后，'豪斯说，'我发现，要使他相信某一种观念的最好方法，就是将这一观念很自然地植于他心中，并巧妙地使他对这一观念产生兴趣，使他经常思考。这种方法第一次发生效力，纯属巧合。我曾到白宫去拜访他，劝他推行某项政策，而这种政策他似乎不太赞成。但几天以后，在一次聚餐的时候，我很惊讶地听到他把我的那个提议当作他自己的意见说了出来。'"

豪斯并没有阻止威尔逊，说"那不是你的意见，而是我的"。他非常精明，他不屑于居功，只求行事有效，所以他使威尔逊继续认为那个意见是他自己想出来的。不仅如此，他还使威尔逊因为公开了这些意见而获得了世人的赞誉。

因此，在我们说服别人的时候，要满足对方的存在感和尊重感，尽量把自己的观点变成对方的观点，之后由自己进行引导，致使对方将其中所隐含的结论亲口说出来，这样便可以成功地说服对方，并且不会遭到对方的反驳。

说服小贴士

相反，在与人交流中，如果你将某件成功的事情说是自己完成的，那么必然会有人公开或者隐秘地对这件事情进行攻击以及不断地寻错，因为通过这种方式可以让对方感觉到他的存在和价值。这就是人的心理情感需求。

创造说"是"的氛围，不让对方有说"不"的机会

> 智慧是命运的一部分，一个人所遭遇的外界环境是会影响他的头脑的。
>
> ——莎士比亚

当一个人在说话时，如果一开始就说出一连串的"是"字来，就会使整个身心趋向肯定的一面。这时全身呈放松状态，容易造成和谐的谈话气氛，也容易放弃自己原来的偏见，转而同意对方的意见。

一个人一旦说出一个"不"字，就意味着你的观点未被认可，如果对方连续说出几个"不"字，你最好趁早结束你的谈话，因为你的谈话并没有得到对方的欢迎。所以你最好的办法就是改变话题，或者改变谈话的策略。先强调对方和你都赞同的部分话题，然后慢慢地在双方有分歧的部分中，找出双方都可以接受的部分，如此一来，你们的谈判就会向着积极的方向发展。也就是要创造对方说"是"的氛围。下面我们来看一个经典的例子。

美国电机推销员哈里森，讲了一件他亲身经历的有趣的事：

有一次，他到一家新客户的公司去拜访，准备说服他们再购买几台新式电动机。不料，刚踏进公司的大门，便挨了当头一棒：

"哈里森，你又来推销你那些破烂了！你不要做梦了，我们再也不会买你那些玩意儿了！"总工程师恼怒地说。

经哈里森了解，事情原来是这样的：总工程师昨天到车间去检查，用手

摸了一下前不久哈里森推销给他们的电机，感到很烫手，便断定哈里森推销的电机质量太差，因而拒绝哈里森今日的拜访。

哈里森冷静考虑了一下，认为硬碰硬地与对方辩论电机的质量，肯定于事无补。他便采取了另外一种战术，于是发生了以下的对话：

"好吧，斯宾斯先生！我完全同意你的立场，假如电机发热过高，别说买新的，就是已经买了的也得退货，你说是吗？"

"是的。"

"当然，任何电机工作时都会有一定程度的发热，只是发热不应超过全国电工协会所规定的标准，你说是吗？"

"是的。"

"按国家技术标准，电机的温度可比室内温度高出42℃，是这样的吧？"

"是的。但是你们的电机温度比这高出许多，喏，昨天差点把我的手都烫伤了！"

"请稍等一下。请问你们车间里的温度是多少？"

"大约24℃。"

"好极了！车间是24℃，加上应有的42℃的升温，共计66℃左右。请问，如果你把手放进66℃的水里会不会被烫伤呢？"

"那——是完全可能的。"

"那么，请你以后千万不要去摸电机了。不过，我们的产品质量，你完全可以放心，绝对没有问题。"结果，哈里森又做成了一笔买卖。

哈里森的成功，除了因为他的电机质量的确不错以外，还与他利用了人们心理上的微妙变化不无关系。

使用这种方法，我们要注意以下两点：

第一，一定要创造出对方说"是"的气氛，还要千方百计创造避免对方说"不"的气氛。因此，提出的问题应精心考虑，不可信口开河。例如，一名推销员与顾客之间发生了一场对话：

"今天还是和昨天一样热，是吗？"

"是的！"

"最近通货膨胀，治安混乱，是吗？"

"是的！"

"现在这么不景气，真叫人不知如何是好！"

对于这一类问题，不论推销员如何说，对方都会回答"是的"，好像已经创造出肯定的气氛，可是注意他说话的内容，实际上只是制造出一种让人无心购买的否定悲观的气氛。也就是说，顾客在听到他的询问后，会变得心情沉闷，当然什么东西也不想购买了。

第二，要使对方回答"是"，提问题的方式是非常重要的。什么样的发问方式比较容易得到肯定的回答呢？最好的方式应是：暗示你所想要得到的答案。

所以，在推销商品时，不应问顾客喜不喜欢，想不想买。因为你问他"你想不想买""喜不喜欢"时，他可能回答"不"。因此，应该问："你一定很喜欢，是吧？"

当你发问而对方还没有回答之前，你自己要先点头，你一边问一边点头，可诱使对方做出肯定回答。

说服小贴士

让对方说"是"，是一种说话的艺术，学会这种说话的艺术，将让你终身受益。

用商量的语气，对方更容易接受你

> 尊重他人，才能让人尊敬。
>
> 　　　　　　　　　　　　　　　——笛卡儿

"树活一张皮，人争一口气"。任何人都不喜欢被说服，尤其是被命令的语气。因为，只要被说服，不管是以何种方式，都意味着要放弃自己原来的想法或做法，意味着是自己输了而对方赢了，甚至意味着自己的自尊心受到伤害。所以，说服人很难，让对方从心底里接受你的说服更难。此时，我们就要用商量的语气说话，让对方愉快地接受你。

李诺刚搬进一个新社区，就发现邻居家养着一条大狼狗。让李诺感到惊异的是，邻居平时总是任这条拴着铁链的大狼狗在街上乱跑。

尽管这条大狼狗性情看上去比较温顺，但李诺的女儿每次见到它依然会发出惊叫，感到非常害怕。自从知道外面有条大狼狗后，他的女儿除了待在自己家的院子里，哪儿都不敢去玩。

李诺觉得这件事必须立即解决，于是就亲自去拜访狼狗的主人，向他说明来意。

李诺是这样说的："你好，我是你的邻居李诺，我想和你们商量一些事情。你们家的大狗很健康、非常活泼，不过我们家的小孩每次看到它都会感到害怕，不敢出门玩，我怎么说都没用。所以想请你帮个忙，以后每天下午5~6点间，可不可以让你家的狗暂时待在家里，这样我们家小孩就可以出来玩了。

6点后，我会叫小孩回家吃饭，之后你的狼狗去哪都行，我不会有任何意见。希望你能帮我这个忙……"

邻居听完李诺的话后，很爽快地点了点头，表示可以按李诺的意思去做，并略带歉意地对李诺说："没想到你家的孩子怕狗，真是不好意思。"

在这个案例中，李诺之所以能够说服邻居，就是因为李诺在表达自己的来意之前，先称赞对方的狼狗健康、活泼，再说明事实，告诉对方自家的孩子怕狗，因外面有大狗而不敢出去玩。之后又完整地提出了合情合理的解决方案，并用商量的语气约定大致的时间，以便让对方更易于接受。

每个人都希望被他人尊重，都不希望他人用命令的语气指示自己做某事。心理学研究表明，人人都具有排他心理，特别是在别人以强硬的姿态命令自己遵从他的意见时。所以，在说服他人时，最好先获取对方的好感，然后用商量的语气委婉地和对方交涉，之后再提出解决方案，让对方能以平静的心情倾听，这样才能达到说服的目的。

有些家长跟孩子说话常会不耐烦，甚至武断地下结论。不肯与孩子商量，不仅会伤了孩子的自尊心，还会把他变成毫无主见的"乖乖仔"。因此，家长要孩子做某件事情时，最好用商量的语气，让他感受到被平等对待了，你是尊重他的。

比如，你想要孩子把地上乱丢的玩具整理一下，可以这么说："玩具乱丢，多不好的习惯啊，你跟妈妈一起把玩具收拾一下好吗？"千万不要用命令的语气："你怎么搞的，玩具乱丢，快点去收拾好！"这样孩子听你责备，心里就会产生反感，即使按你的要求去做，也是不开心的。

再如，想要让孩子收拾书桌，不要用指责的语气命令："你桌子这么乱，是猪窝吗？赶紧给我收拾好！"而要这么说："爸爸给你讲过一句话，叫'一屋不扫何以扫天下'。你不是很有志向吗？那是不是应该从收拾桌子开始呢？"

任何人都不喜欢他人用命令的语气与自己说话，即使有时候不得不接受，心里也很不爽。因此，在与人交流时，尽量要用商量的语气说话，这样对方才能欣然接受。

由于身份和地位的不同，很多领导常常喜欢以命令的语气和下属说话，下属虽然表面上满口答应，连连称是，但心里未必真的认同你的做法，可能对你的做法大有意见，只不过不敢发作而已。比如，领导经常会这样说："这样的表述不行，你赶紧再补充一下。"若领导改成商量的语气"这样的表述可以吧？是不是还要补充些什么呢？"这样的效果会更好。

因此，我们在说服他人的时候，要尽量使用商量的语气说话，让对方喜欢你，从而愿意接受你的建议。

说服小贴士

卡耐基说："没有人乐意听从别人的指使，没有人喜欢让别人告诉他应该怎么做，应该怎么想，这似乎是人的天性。"

适度恭维，让对方难以抵抗你

> 人类本质中最殷切的需求是渴望被肯定。
>
> 威廉·詹姆士

卡耐基曾经说："我们滋养我们的子女、朋友和员工的身体，却很少滋养他们的自尊心。我们供给他们牛肉和洋芋，培养精力；但我们忘了给他们可以在记忆中回想好多年像晨星之音的称赞。"正如卡耐基所说，每个人都有渴望别人赞美的心理期望。

一天，卡耐基去邮局寄挂号信。在他等待的时候，他发现这家邮局的办事员服务质量很差，态度很不耐烦。当卡耐基把信件递给他称重时，他便对办事员称赞道："真希望我也有你这样美丽的头发。"闻听此言，办事员惊讶地看了看卡耐基，露出微笑，接着便热情周到地为卡耐基服务起来。自那以后，卡耐基每次光临这家邮局，这位办事员都笑脸相迎。

卡耐基真不愧是语言大师，在此情景下，竟能想出如此高妙的赞美语言，让那位面如冰霜的办事员立马改变了服务的态度。如果赞扬他工作热情，办事员肯定会认为这是卡耐基在对他进行挖苦、讽刺，若是批评他服务差，他很可能会服务更差。

因此，我们要善于抓住人的心理，不失时机地赞美对方，这样本来糟糕的事情，反而会朝着积极的方向发展。说服别人时，我们更要如此。

怀特是一家汽车公司的销售人员。有一次，他带着一位客户看新车。可是，这位客户很挑剔，一会儿说这车性能不好，一会儿说那辆车太丑，或者说那辆车价格太高。结果这位客户认为哪辆车都有缺点，太难挑了。

怀特见状，停止向客户推荐，而是让他自己选。几天以后，怀特公司正好有一种车正在搞活动，车的性能好，价格比之前也优惠了许多。怀特想起了那位难缠的客户，于是打电话过去，约客户来怀特的公司。

刚一见面，怀特就对那位难缠的客户说："在鉴定汽车方面，您是一位少有人能及的专家，很少有人能做到像您一样对汽车进行精准评估。现在这个型号的车正在搞活动，您试驾一下，看看它的性能，感受一下这个型号的车是否符合您的需求。"

这时，客户的脸上露出了一丝笑容，他很快地应允了怀特的请求。他开了一圈后，说："不错，这正是我需要的。"

怀特把优惠的价格详细地给客户看了，客户痛快地说："可以，完全没问题，这辆车非常适合我。我买了。现在就去交钱。"

恭维客户，让客户有种被尊重感，甚至被尊崇的感觉，他自然会心花怒放，也自然会对你心存好感，这样就为进一步交流沟通做了一个好的铺垫。

当然，恭维对方要注意以下3个方面：

第一，凡说赞美的话，一定要切合实际，而且要言之有物。比如，到别人家里做客，与其不切实际地乱捧主人一场，不如赞美主人房间布置得别出心裁、阳台上的盆栽精致。若想赢得朋友的喜爱，就要尽量发现他的长处并加以称赞。特别关心别人的某一种事物，会使人异常欣喜。

第二，不可盲目恭维。只有发自内心的敬佩、赞美，才能让别人感受到你的真诚，引起别人的好感；恭维要别出心裁。比如，某个歌唱家喜欢闲时画画，那么我们与其赞美他的歌声悦耳动听，不如说他画功不错。

第三，说话要谨慎。不切实际地恭维话，言不由衷的恭维话，都很容易惹出是非。正如我们不能见到任何妇人都赞美她漂亮一样，倘若这个女人明知自己不漂亮时，心里会觉得我们是在笑话她，结果一定会惹得她很生气。

说服小贴士

　　在说服别人的过程中，我们要适度地恭维一下对方，虽然这是一件微不足道的小事，但是可以增进你与对方的交流，加深你们之间的关系，让对方更加信任你，增加你说服他人成功的概率。

多数人难逃从众心理：强调"大家都……"

> 个人一旦进入群体中，他的个性便被湮没了，群体的思想占据统治地位；而群体的行为表现为无异议、情绪化和低智商。
>
> 古斯塔夫·勒庞

从众心理是一种带有普遍性的心理现象。它既包括思想意识上的从众，也包括行为上的从众。

为了验证从众心理的普遍性，美国社会心理学家阿希专门进行过实验。在受试者中，高达2/3的人都有从众行为，只有少部分人保持了自己的独立性，没有盲目从众。由此可见，从众心理在人群中非常普遍，几乎会影响所有人群。

在生活中有不少从众的人，也有一些专门利用人们的从众心理来达到某种目的的人，某些商业广告就是利用人们的从众心理，把自己的商品炒热，从而达到目的的。比如，大宝化妆品，便是利用京剧演员、小学教师、职工、摄影记者来说明、宣传它的好处，使公众产生一种"大家都在用，我也去用用"的感觉，从而达到了广告宣传的目的。又如娃哈哈AD钙奶的广告词用了一句"今天你喝了没有？"便使小朋友争先恐后地购买。这便是利用公众的从众心理达到目的。

举一个极端的例子：在一个非作弊不可的环境中，当不论是哪种学生都倾向于通过作弊来取得好成绩的时候，老师的劝说和个别同学的阻止基本上不会起到任何作用。

　　既然从众心理的威力这么大，在说服他人的过程中，我们也可以运用从众心理对人的影响，暗示人们应该从众。由此一来，被说服者就会不知不觉做出选择，说服的目的也能很快实现。

　　下面是从众心理运用于销售中的案例：

　　某大型商场一楼有辆促销花车，所售商品为各款女士包包，花车周围围着众多女士。售货员一边忙着给交钱的顾客包装包包，一边喊道："时尚包包，5折大促销。"来商场底层超市购物的李女士本来不准备买包包，但是看到这种场景，也忍不住挤进去看看。她挤到台前，发现大家好似不花钱一样抢着购买，李女士也赶快把注意力放在包包上，终于看中一款自己还算满意的，看看质量，还是真皮的，5折下来150元，省了150元，赶快交钱，挤了出来，脸上露出满意的笑容。可是，过了几天，在该品牌专卖店，发现同款包包，店里标价也是150，李女士大呼"上当"，其实根本就没有打折。

　　这个案例是我们在日常生活中经常见到的情景，由于消费者和商家对同一产品信息不对称，商家利用消费者从众购物的消费心理，恰到好处地采取了促销手段，营造了一种"大家都购买"的火爆氛围。

　　有这样一个幽默小故事：

　　一位石油大亨死后到天堂去参加会议，一进会议室发现已经座无虚席，没有地方落座，于是他灵机一动，大喊一声："地狱里发现石油了！"这一喊不要紧，天堂里的石油大亨们纷纷向地狱跑去，很快，天堂里就只剩下那位大亨了。这时，大亨心想，大家都跑了过去，莫非地狱里真的发现石油了？于是，他也急匆匆地向地狱跑去。

　　世界上所有人都有盲目从众的心理，因而我们要学会避免它。

　　一个假消息的始作俑者，看见自己发布的消息对人群造成的巨大影响，竟然自己也信以为真了。

　　由此可见从众心理的巨大威力。因此，当我们说服别人时，不妨使用这种方法，让对方产生这样的心理——大家都这样做，我也这样做，就会很轻松地达到说服目的。

说服小贴士

　　所谓从众心理，就是指在社会群体的压力下，个体会不知不觉间或者身不由己地选择与大多数人保持一致。

第九章

及时避免尴尬，为有效沟通扫除障碍

在生活和工作中，产生尴尬的原因众多，有些尴尬无法预见，或难以避免，但有些尴尬能事先防范。在交际中遇到尴尬的场面时，我们要做到审时度势，准确把握对方的心理，然后运用有效的说服技巧，借助恰到好处的话语避免尴尬，为有效沟通及时扫除障碍，保证交际活动的正常进行。

巧妙打圆场，做交际场的"及时雨"

> 人无笑脸休开店，会打圆场自落台。
>
> 谚语

我们经常在电视中看到有些优秀的主持人，往往能及时出语圆场，化解尴尬，精彩地主持下去。

一次，著名曲艺家、节目主持人崔琦在北京电视台主持一场曲艺晚会。轮到一位杂技演员表演《踩蛋》的时候，一不小心脚下的鸡蛋被他踩坏了一个，这时观众全都看见了。演员很不好意思地又换了一个鸡蛋，崔琦忙打圆场："为了增加艺术效果，证实鸡蛋是真的，所以演员故意踩坏了一个给大家看。"不巧的是，崔琦话音刚落，演员脚下又一个鸡蛋碎了。观众马上转向主持人，心里好像都在想：这回看你怎么说。只听崔琦说："唉，社会上的伪劣产品屡禁不绝，看来不抓不行了——连母鸡都生产劣质产品！"台下顿时一片笑声和掌声。

面对演员接连两次的失误，崔琦先是反话正说，把演员不小心踩坏鸡蛋的出丑行为，机智地"正名"为"验证鸡蛋真假"的正常的特意行为，从而一下子为演员挽回了面子。然后，崔琦又借机发挥，巧妙将鸡蛋破碎的原因引申到"伪劣产品"上，既合理又幽默地把责任推到了母鸡身上，令人忍俊不禁，又让人深深感受到了他的圆场技巧和智慧。

　　让人下不了台的事大多发生在人们料想不到的时候，但是，只要能及时转换角度，巧说妙解，不但能给自己找个台阶，甚至还能给生活增添乐趣。

　　历史上的纪晓岚也善于打圆场，我们接下来看下面的案例。

　　纪晓岚曾在军机处办事。有一次，乾隆带着几个随从突然来到军机处，而此刻的纪晓岚正光着膀子和军机处的几个办事人员侃大山。其他人一见皇帝来了，连忙上前接驾，只有高度近视的纪晓岚没有看出是乾隆皇帝走在后头，忽见其他人在前边接驾，才大吃一惊。他心想：如果就这样光着膀子接驾，岂不犯了亵渎万岁之罪？大概皇上没有看见自己，还是先躲一下为好。于是，他仓皇之中钻到桌下藏了起来。

　　其实，他的举动乾隆早已看在眼里，也猜透了纪晓岚的心理，却装作不知，故意在椅子上坐了下来。

　　纪晓岚在桌子底下缩作一团，大汗淋漓，却又不敢出声。两个时辰过去了，纪晓岚没有听到乾隆说话的声音，以为他已经走了，就鼓着勇气低声问办事人员："老头子走了没有？"

　　乾隆在一旁听得清清楚楚，立即板起脸孔，厉声问："纪晓岚，你见驾不接，我且不怪罪于你。你叫我'老头子'是什么意思？你要一个字、一个字地给我讲清楚，否则可别怪我无情！"

　　纪晓岚吓得半死，只好无奈地从桌子底下钻出来，穿上衣服，俯伏在地，不住地磕响头，并连称："死罪！死罪！"接着，慢条斯理地解释道："万岁不要动怒，奴才所以称您为'老头子'，的确是出于对您的尊敬。先说'老'字：'万寿无疆'称'老'，我主是当今有道明君，天下臣民皆呼'万岁'，故此称您为'老'。"

　　乾隆听后，点了点头。纪晓岚接着说："'顶天立地'称为'头'，我主是当今伟大人物，是天下万民之首，'首'者，'头'也，故此称您为'头'。"

　　乾隆皇帝边听边眯着眼睛笑，很是满意。纪晓岚见此情景，猜透了乾隆的心思，便故意拉长了声音说："至于'子'字，意义更明显。我主乃紫微星下界，紫微星，天之子也，因此天下臣民都称您为天'子'。"纪晓岚说到这里，稍微停了停，又说："皇上，这就是我称您为'老头子'的原因。"乾隆皇帝高兴地点了点头，这件事就算过去了。

纪晓岚在无意中说错了话，叫乾隆"老头子"，对于乾隆的厉声责问，纪晓岚从容自若，调整思维，巧妙作答，让乾隆转怒为喜。最后别出心裁地给自己打了圆场。

在人际交往中，需要打圆场的地方有很多，有时需要为自己的果实打圆场，有时候需要为他人的争吵打圆场，有时候需要为他人的尴尬打圆场。掌握了打圆场的技巧就能有效化解矛盾，平息争吵，避免发生不愉快的事情，创造和谐的人际关系。

另外，打圆场时要注意以下几个方面：

1. 求同存异，强调事件的合理性

当人们因固执己见而争论不休时，局面难以缓和的原因往往是彼此的争胜情绪和较劲心理。因此我们在打圆场时要注意这一点，求同存异，帮助争执双方灵活地分析问题，使他们认识到彼此观点的合理性，进而停止无谓的争执。

2. 找个借口给对方台阶下

有些人之所以在交际中陷入窘境，常常是由于他们在特定的场合做了不合时宜或不合情理的事情，于是就进一步造成整个局面的尴尬。在这种情况下，最有效的打圆场的方法就是换一个角度或找一个借口，以合情合理的解释来证明对方有悖常理的举动在此情景中是正当的，合理的，这样有助于消除对方的尴尬，正常的人际沟通也能继续进行。

3. 表达要幽默

幽默的语言会让尴尬的气氛得到缓解，使人转怒为喜，甚至开怀大笑，而且还可以使人从中获得感悟。

4. 从侧面点拨

不直言相告，而是从侧面委婉地点拨对方，使其明白自己的不满，打消

失当的念头，这一技巧通常借助问句的形式表达出来。

总之，想要维护人际交往的正常进行，"打圆场"是必不可少的。

说服小贴士

"打圆场"不同于"和稀泥"，它是从善意的角度出发，以特定的话语去缓和紧张的气氛、调解人际关系的一种语言行为，它在日常生活中起着重要的积极作用。

别打断对方的发言，要先听完再说

人际沟通始于聆听，终于回答。

——威尔德

在我们与人沟通的过程中，经常会遇到这样的情况：一个人正讲得兴致勃勃，这时，你突然打断对方，说："听说最近天气要变冷了。"由于你不合时宜的"打断"，使当时的气氛马上就变冷了。最后，说话的人因为你打断他说话，绝对不会对你有好感，更不会听你的任何建议和观点。

培根说过："打断别人，乱插话的人，甚至比发言冗长者更令人生厌。"的确，打断别人说话是一种非常无礼的行为，也容易引起对方的抵触情绪，给人留下不好的印象。

一天，李丽同办公室的何姐说起乐其商场冬季服装减价的事情。

何姐说："我昨天看报纸，说乐其商场冬装减价，有一件新款的羽绒服要减价……"

李丽正好刚刚去过那家商场，兴冲冲地说："对啊，那件羽绒服就像公主一样单独摆在一个货架上！"

何姐的话被打断，撇了撇嘴没作声，继续接着原来的话说："那款羽绒服设计得真好看，颜色也多，又雅致……"

李丽又说："有雪白色、奶油色、粉色、大红、浅绿、蓝色、黑色、明黄色……好多种颜色，我觉得雪白色和粉色的最好看，不过冬天穿容易脏，浅绿色和明黄色也不错，看上去明快有活力！"

何姐看着李丽滔滔不绝的样子，无奈地苦笑了一下，转回头去处理自己的文件，李丽却没有发觉何姐的不悦之色。可是，李丽再找何姐聊天的时候，何姐总是借口说忙。李丽只好去找别人聊天，但是一段时间以后，大家都不愿意和她聊天了。

当对方聊兴正浓的时候，不是特别重要的发言最好不要轻易打断对方，要先倾听完对方的话再表达你的意见和看法。

在说服他人时，首先要学会倾听。倾听是人们建立和保持关系的一项最基本的沟通技巧。英国管理学家威尔德曾说："人际沟通始于聆听，终于回答。"没有积极的倾听，就没有有效的沟通。美国的心理学家调查发现，公司主管们的平均时间分配是：9%的时间在"写"，16%的时间在"读"，30%的时间在"说"，45%的时间在"听"。

倾听是我们获取更多信息，正确地认识他人的重要途径。古人曰："听君一席话，胜读十年书。"一个人要是总说，那么，他学到的知识会很有限，了解的真相也会很少；反之，一个善于倾听的人，喜欢分享他人的信息与情感，对方也会乐于给出建议。

松下幸之助是日本著名跨国公司松下电器的创始人，被人称为"经营之神"——"事业部""终身雇佣制""年功序列"等日本企业的管理制度都由他首创。松下幸之助为人谦和，他用一句话概括自己的经营哲学："首先要细心倾听他人的意见。"

1965年，日本经济低迷，市场环境很不好，松下电器的销售行与代理店受到严重影响，全部陷入困境。松下幸之助为了改善情况，决定彻底检讨整个销售体制，但这一回遭到了部分销售行与代理店的反对，而且反对的声浪日渐高涨。

在这种情况下，松下幸之助召集了1200家销售行的负责人进行商议。为了更好地倾听反对者的声音，更有效地与他们沟通，会议一开始，松下幸之

助就说："今天开这个会，是想知道大家关于变革销售体制的想法。请大家各
抒己见。"说完，松下幸之助就请那些持反对意见的负责人发表意见。在他
们发表各自意见时，他则一言不发，静静地坐在一旁倾听。等到所有人的发
言都结束了，他才详细地说明了新的销售方式的推行目的及方法。令人惊讶
的是，这一次，那些销售行的负责人并没有站出来反对他的这一改革，反而
对新方案表示理解与支持，同意推行。

松下幸之助召开的这次会议的成功在于他的认真倾听。通过"倾听"，
松下幸之助表达了他对大家的理解，消除了反对者的不满，也赢得了他们的
理解与支持。

在说服他人时，你可以通过倾听对方的话以及其言外之意来判断对方内
心真正想要的是什么，从而有针对性地说出你的想法和观点，打动对方，使
他愿意考虑按照你的意愿行事。

倾听是帮助我们找到说服他人的突破口的关键因素，在恰当的时间抛出
我们的观点，让被说服者能够接受它，有利于我们进行下一步的说服工作。
因此，在倾听过程中，需要你掌握一些必要的插话技巧。

第一，对方在叙述事情的时候不能控制自己的感情，交谈就不能很好地
进行。这个时候，你就要适时地用一两句话来疏导。比如：

"你一定特别生气吧。"

"你今天情绪好像有点烦躁。"

"你心里很不舒服吗？"

当对方听到你说这样的话后，会向你倾诉一番。对方把心里的不快、郁
闷、不高兴的事情说出来后，会感到很轻松。那么，接下来就能够很从容地
完成对事情的叙述。

第二，当对方由于担心你对某个问题不感兴趣，表现出犹豫、吞吞吐吐
的样子时，你可以趁机说一两句话表示安慰的话，打消对方的顾虑，让对方
知道你愿意继续听。比如：

"你能详细地谈谈那件事情吗？我知道的不是很多。"

"接着说，我竟然不知道。"

"对于这件事情，我很感兴趣。"

第三，当对方在诉说时表现出迫切地想让你理解他所说的内容时，你可以用一两句话来综述一下对方所诉说内容的意思，让他知道你明白了他的意思。比如：

"你说的是……"

"你的想法是……"

"你想表达的是……"

这样的综合复述能够及时地让对方了解你对他谈话内容的理解程度，不但能够让对方感受到你的真诚，而且便于对方纠正你在理解中出现的偏差。

说服小贴士

卡耐基认为，在沟通的各项能力中，最重要的就是倾听的能力。

失意人前，勿谈得意之事

> 得意勿恣意奢侈，失意勿抑郁失措。
>
> 李叔同

在生活中，很多人喜欢在别人面前夸耀自己，逢人便夸耀自己如何能干，如何富有，完全不顾及别人的感受，甚至没有顾及当时的听者是不是正处于人生的低谷。他们总以为夸夸其谈后就能得到别人的敬佩与欣赏，而事实上，很少有人愿意听你的得意之事，自我炫耀的效果往往是适得其反。

王凯约了几个好朋友到自己家里聚会，主要的目的是想借着热闹的气氛，让目前正处于低落状态的李峰放松一点。

李峰不久前因经营不力，公司破产，妻子也因为和他感情不和在闹离婚。他现在是内忧外患，不堪重负了。大多数人都知道李峰目前的状况，因此都避免去触及与此有关的事。可是，其中一位朋友胡杰酒一下肚，就口不择言了，又加上刚做生意赚了一大笔，忍不住就开始大谈他的捞钱经历和消费功夫，说到兴奋处还手舞足蹈，得意之情溢于言表，这让在场的人都感觉不舒服。

正处于失意中的李峰更是面色难看，低头不语，一会儿去抽烟，一会儿去上厕所。最后实在听不下去了，就找了个借口提前离开了。他对送他走的王凯生气地说："胡杰会赚钱有什么了不起，有必要在我面前炫耀吗？！"

人在得意之时难免有张扬的欲望。但是案例中的胡杰在谈论他的得意时，没有注意场合和对象。他完全可以在公开场合说，对他的员工谈，享受他们投给他的钦羡目光；也可以对他的家人谈，让他们以他为荣，但就是不能在失意人李峰面前谈。因为失意的人最脆弱，也最敏感。无心的谈论在李峰听来可能充满了讽刺与嘲讽，让李峰感受到"瞧不起"的意思。

刘成、张思、王启等人一起炒股。刚开始的时候刘成每猜必中，所以其他人一起向他看齐，刘成买什么，大家都会跟定他。而刘成也因此故弄玄虚起来，说自己炒股获利完全得益于自己得天独厚的"第六感"。

可是，自从刘成在那次大话之后，逢炒必亏，他的第六感也不顶用了。因此，张思等人一起集众人智慧炒股。而失落的刘成这边，只有王启一人对他的态度依然如故。当张思等人炒股收盘高呼时，王启独与刘成黯然神伤，当张思等人炒股举行庆功宴时，王启独与刘成吃便当。

王启还告诉刘成，每个人都有走入低谷的时候，都有不顺心的事情，大可不必为此苦恼，要勇敢面对这种失意，想办法走出谷底，再创辉煌。刘成非常感激他的朋友王启给他的关心、鼓励和陪伴，决心从低谷中走出来。最后，刘成对张思这样的人，再也不理会了。

因此，不管在什么时候，尽量不要去炫耀你的得意，特别是在失意人的面前，应尽量保持一颗平常心，同时要对失意的人多一点同情和理解，只有这样，你的得意才能持久，你的朋友才会更多。

说服小贴士

得意时要看淡，失意时要看开。得意时，不忘形，宜淡然；失意时，不变形，宜泰然。成功时，不轻狂，宜超越；失败时，不灰心，宜立志。不论得意失意，切莫大意；不论成功失败，切莫止步。志得意满时，需要的是淡然，给自己留一条退路；失意落魄时，需要的是泰然，给自己觅一条出路。

善于寻找话题，打破冷场的氛围

> 话题卡住了，就换话题，不要恋栈，用力挽留，另开一个话题即可。暂且丢开就不会手忙脚乱，有机会再绕回来就可以了。但对于天生防卫心就强或个性冷淡的人，只需有礼地说清楚该说的话，就可以闪了。
>
> ——蔡康永

在交谈过程中，由于与谈话对象不熟悉、话不投机或是不善表达等，都会出现冷场的情况。冷场无论对于交谈、聚会，还是议事、谈判说服，都是令人窘迫的局面。在人际关系中，它无疑是一种"冰块"。打破冷场最有效的技巧就是善于寻找话题。

有一次，足球评论员黄健翔采访荷兰球星古力特。可交谈刚一开始对方就拒绝了他，谈话陷入了冷场，怎么办呢？请看黄健翔是如何让谈话继续进行的。

古："对不起，我不接受记者的采访。"

黄："您误会了，我不是想采访您。我只是想向您祝福，您看我手中这些信，都是喜欢您的球迷写给您的，这些信中表达了一个意思，就是向您祝福。"

古："中国球迷真让我感动。"

黄："那么，我能不能代表中国球迷问您几个问题？"

古："当然可以……"

黄健翔聪明地转移了对方的注意力，并使新话题引起对方的兴趣，以自己的诚恳争取和对方说话的机会，打动对方，使双方的对话得以在亲切温馨的气氛中进行。最后，他又巧妙地把话题重新引向了他最初采访的目的上。

小王毕业后被招进一家公司做业务员。几个月后，公司安排他去北方跑业务。由于这是小王第一次出差，因此他感到很兴奋。在火车上，他百无聊赖，一会儿看看窗外的风景，一会儿看看手机。他看到对面坐着一个戴着帽子的女孩，文文静静地坐在座位上，看起来性格很内向。

小王想和这个女孩打招呼，可又不知道说些什么。女孩也想和小王说话，但动了动嘴唇，又闭上了。

过了一会儿，女孩从包里拿出一本厚厚的书打开看，小王立马找到打破冷场氛围的好办法："你好，你看的是李劲的《超级说服力》啊，这本书很不错的，我非常喜欢读这本书。"

女孩羞红了脸，说："我刚开始看，对里面的一些内容很感兴趣。"

"我们可以交流一下，我以前读过这本书……"小王边说边凑过来，两个人你一言我一语地交谈起来。

一个小时很快过去了，女孩下车时，两个人已经成了好朋友。

话题丰富的人，总会在各种环境下，找到合适的话题来打破冷场的氛围，让交谈进行下去。

因此，我们要善于寻找话题，打破冷场，化解尴尬，这样才能为说服别人打下良好的基础。

下面列举几个打破冷场的话题。

1. "你的鞋子很帅气"——有关服装的话题

对于初次见面的人，称赞他的衣着是最安全的一句话，同时还能体现你的礼貌大方，并且让他心中暗爽，与此同时你的印象分也在蹭蹭飙升。

2. "你看《XXX》电影了吗"——最近热门的流行资讯

谈论最近比较大众化的热门事件、流行文化等也是拉近两个人距离的好方法，如近期上映的电影，或很火热的书籍、漫画等，遇到对方感兴趣的内容，他一定会兴致勃勃地参与话题发表自己的看法。

3. "天气真好" ——有关天气和季节的话题

这样的话题既可以避免冷场，又是没有破绽的救急话题，最适合初识并未熟悉的双方。谈论天气、四季流转，既能引起双方的共鸣，也可以展开谈话。

4. "如果你想去旅行，目的地是哪？" ——使人产生联想的话题

如果能聊到使人产生联想的话题，谈话内容肯定就会丰富很多，从中也能了解到对方的兴趣爱好、性格脾气等。这是一个永远不会过时的话题，想去的地方、去过的地方、旅行中发生的趣事、遇到的那些有趣的人……这个话题绝对不会让你们没话讲，而且讨论起来往往滔滔不绝难以收尾。相同的兴趣爱好更容易增进两个人的距离，打破冷场，就从讨论旅行开始。

说服小贴士

关心、体谅、坦率、热情是打破冷场的最有力的"武器"。当你在人际交往中遇到冷场时，只要以这样的态度去努力，"坚冰"自然可以融化，尴尬局面也就不难打破了。

主动"示弱"，避免硬碰硬

> 弱之胜强，柔之胜刚。
>
> 老子

在说服他人的过程中，与对方发生异议是常有的事情。但是很多人都会逞一时口舌之快，赢得这场辩论。这种做法不仅会引起对方的不满和抵触情绪，还会导致问题更严重。这时候我们就需要开动脑筋，运用自己的智慧来更好地达成我们的目的。

人们普遍都有一种喜欢被人重视的心理。这时我们要说服别人，不妨放低姿态，向对方示弱，满足对方心理上的需求，使其愿意听从于你。

老子说："弱之胜强，柔之胜刚。"也就是说，柔弱的东西反而能战胜刚强的东西。因此，在说服他人的过程中，将这一哲学观点运用于其中，对我们顺利达成目的会有很大帮助。

美国前总统富兰克林青年时，在斐拉岱尔斐亚省开了一个小小的印刷所。那时，他被选为本雪尔文尼亚议会的书记。

在选举之前，有一位议员发表了一篇明显表示反对他的演说。演说把富兰克林批评得一文不值。这位议员是一位有身份、有学识、有教养的绅士。他的声誉和才能使他在议院里享有一定的地位。富兰克林想要说服这位议员支持自己。

一次偶然的机会，富兰克林听说这位议员的藏书室里有几部很珍贵、很稀罕的书，想以此为突破口，说服这位议员。

富兰克林写了一封简短的信给这位议员，说自己想看看这些书，希望他能答应借几天。没想到这位议员接到信后，立刻就把书送来了。

大约过了一个星期，富兰克林就将那些书送去还他，另外附了一封信，热情地向他表示感谢。这样，当他们下一次在议院里遇见的时候，他居然跑上前来和富兰克林握手交谈了，而且非常客气，并且说愿意在一切事情上帮忙。于是，两个人成为知己，美好的友谊一直维持终生。有很多人对于别人来乞取"小惠"常常是很高兴的，尤其是当对方所乞取的东西恰巧是自己最得意的东西时。富兰克林运用这个策略，获得了成功。

富兰克林巧妙地、不露痕迹地表示了推崇别人的意思。那位议员俨然是一位施主，而富兰克林则变成一个乞求施舍的人。这位议员感到了自己地位的优胜和重要，对于富兰克林的鄙视也在短时间内完全消失，并很快与富兰克林握手言欢并成为挚友。

作为一个妈妈，要想让孩子听自己的话，运用示弱的方式也是很有效的方式。

刘丽是一个善于示弱的人。在生活中，她不仅善于在母亲和老公面前示弱，还善于在自己才几岁的儿子面前示弱，以此来取得儿子对她工作的支持。

有一次，刘丽与朋友王琴聊天。王琴向她请教她是怎样说服孩子支持她工作的。

刘丽说："我儿子还小，才4岁，正是黏人的时候，我在上班前，必须先安抚好他。我对付他的方法就是示弱。每天出门，我都会装出一副很可怜的样子，然后对儿子说：'宝贝，怎么办呢？妈妈要去上班，如果妈妈不上班，公司的哥哥姐姐就没有饭吃，可是妈妈也好想陪着宝贝呢，怎么办，宝贝能不能替妈妈想一个好办法呢？'每当我对儿子这样说的时候，儿子就会歪着小脑袋认真地想一会儿，然后对我说：'妈妈，那您去上班吧，我可以自己玩。'"

王琴羡慕地说："你儿子真懂事。这么小就知道同情妈妈，懂得为他人分担烦恼。"

所以，在刘丽看来，就算儿子很小，只要你肯弯下腰来示弱，给他足够的信任，也能实现自己的心愿。

案例中的刘丽成功地说服孩子支持自己工作，关键就在于她运用了示弱的方式。对于这么小的孩子，如果直接对孩子说"我要上班了，自己玩，听话"，他怎么会容易接受呢！

我们在说服他人的时候，应注意避开锋芒，懂得示弱，让对方在毫无戒备的情形下与你交流，这样更有利于话题的深入，从而为自己创造更多的机会来达成目的。

说服小贴士

其实，示弱说服，是抓住了人们普遍具有同情心的这一个特点。正如法国思想家卢梭所说："人们不会对比自己幸福的人产生同感，而只会对比我们不幸的人感同身受。即我们的直接同感只限于对他人的痛苦，而不是安逸。" 因此，我们要善于利用他人的同情心，采取向对方示弱的方法，会更容易使对方同意自己的请求或观点，最终达成说服的目的。

委婉地指出别人的错误

> 直接指出对方的错误，实际上就是在批评对方。
>
> ——戴尔·卡耐基

常言道："人非圣贤，孰能无过。"每个人都不可避免地会犯这样那样的错误，要想人际关系和谐、沟通顺畅，关键要委婉地指出别人的错误。因为直接指出对方的错误，实际上就是在批评对方。任何人都不喜欢被他人批评，即便他明白自己确实做错了。

有一天，蒋靳涛经过自己的钢铁厂的时候，看见几个工人正围在一起抽烟，这明显违反了公司的规定，蒋靳涛当然可以选择严厉地批评他们，或者把禁止吸烟的条例指给他们看，但他没有这样做，因为他知道这样做不但起不到教育作用，而且会让他们难堪，甚至从心底里引起他们的怨恨，因此他采用了一种幽默而含蓄的方式。

他缓慢地走上前去，对那几个工人说："兄弟，走，我们一起到外面抽去吧。"

这几个工人当然能意识到蒋靳涛并不是让他们真的去外面抽烟，而是一种委婉的批评，马上对蒋靳涛说："啊，我们忘了公司的规定了，对不起，请您原谅。"然后他们立即把烟掐灭，重新回到了工作岗位上。

案例中蒋靳涛委婉地指出了工人的错误，既保留了对方的颜面，又让工人自觉地认识到了他们自己的错误。如果蒋靳涛直接说："工厂里规定是不让吸烟的。"那结果会是什么样，想必大家心里都清楚。

当你指出别人的错误，尤其是直截了当地指出时，一般人似乎都受不了。他会因此产生一种让人觉得不可思议的强大力量，正是这种力量迫使他拒绝接受你的批评或指正，即使他明明知道你是为他着想。

心理学家指出，这种强大的力量中有很大一部分是自我认同感在起作用。当自己所相信的东西被怀疑或否定之后，每个人都会产生一种焦虑，感到自己的自尊被伤了，甚至感到自己的安全已经没有了保障。结果，他会本能地拒绝承认自己的错误，即使他认为你说的是对的。因此，当你想要说服一个人，让他明白自己的错误的时候，千万不要直接指出对方的错误，以免伤害对方的自尊心。

19世纪意大利著名歌剧作曲家罗西尼，非常严肃认真，非常注意独创性，对那些模仿、抄袭行为深恶痛绝。

有一次，一位作曲家制作了一曲自己的新作，特意请罗西尼去听他演奏。罗西尼坐在前排，兴致勃勃地听着，开始听得蛮有神，继而有点不安，再而脸上出现了不快的神色。演奏按其章节继续下去，罗西尼边听边不时把帽子脱下又戴上，那位作曲家也注意到了罗西尼的这个奇怪的动作和表情，就私下问他，"是不是这里的演出条件不好，是不是太热了？"

"不，"罗西尼说，"我有一见熟人就脱帽的习惯，在阁下的曲子里，我碰到那么多熟人，就不得不频频脱帽了。"

罗西尼的言外之意是这位作曲家抄袭了他人的曲子。可是，罗西尼并没有直接指出这位作曲家的错误，因为直接的指斥会使对方十分难堪。所以，罗西尼运用体态语及其说明（一见熟人就脱帽的习惯）来委婉地表达他的意思。

总之，在说服别人的过程中，为了维护对方的自尊心，不使他尴尬，就要委婉地指出对方的错误。

说服小贴士

让对方欣然接受他的不足，需要注意：（1）双方要相互尊重，这是人与人交往的前提；（2）不要找任何理由来指出对方的错误，因为他会对你产生抗拒心理，从此不再接受你；（3）要用平和的语气间接地指出对方的不足；（4）不要妄图通过批评对方来显示你的优越和高明，这样你是不受欢迎的。

第十章

巧妙处理拒绝意见，让"不"字靠边站

在人与人交流的过程中，遭到他人的拒绝是件很正常的事。在说服的过程中，每一个环节都可能有拒绝的意见，这时我们千万不要反感和焦虑，而要以平常的心态去看待，并运用有效的策略去化解对方的矛盾，化险为夷，这样才能变坏事为好事。

事实上，许多人在面对别人的要求发出拒绝的时候，他们并没有进行过充分的思考，只是自我保护的条件反射使得他们说出了"不"字。所以，我们一定要明白，面对要求表达拒绝，是人们的一种惯性心理。我们完全可以运用说服技巧，去扭转这种局面，达到成功说服对方的目的。

巧施"南风"，以情动人

世界上只有一种人，就是需要关心的人。

温世仁

法国有一则寓言：

北风和南风比威力，看谁能把人身上的大衣脱掉。北风使出浑身解数，大发淫威，凛冽刺骨，结果行人为了抵御北风的侵袭，便将大衣裹得紧紧的；而南风则是徐徐吹拂，风和日丽，行人因为春日融融便解开纽扣，继而脱掉大衣。在这场比威力的竞赛中，南风获得了胜利。

在心理学中，人们把运用南风式的方法而获得显著工作绩效的现象称为"南风法则"。南风法则启示人们，温暖胜于严寒，引导胜于压迫，最有威力的武器往往是爱、关心和尊重。

在使用南风法则上，日本企业的做法最引人关注。在日本，几乎所有的公司都很注重人情味和感情的投入，给予员工家庭般的情感抚慰。索尼公司董事长盛田昭夫也说："一个日本公司最主要的使命，是培养它同雇员之间的关系，在公司创造一种家庭式情感，即经理人员和所有雇员同甘苦、共命运的情感。"

教育家陶行知的"四块糖果"是"南风效应"的经典例子。

陶行知在任育才小学校长时，在校园看到一个叫王友的男生用泥块砸自己班上的男生，当即阻止了他，并令他放学时去校长室。

放学后，陶行知来到校长室，王友已经等在门口准备挨训了。

可一见面，陶行知却掏出一块糖果送给他，并说："这是奖给你的，因为你按时来到这里，而我却迟到了。"

王友惊疑地接过糖果。

随之，陶行知又掏出一块糖果放到他手里，说："这块糖也是奖给你的，因为当我不让你再打人时，你立即就住手了，这说明你很尊重我，我应该奖你。"

王友更惊疑了。

陶行知又掏出第三块糖果塞到王友手里，说："我调查过了，你用泥块砸那些男生，是因为他们欺负女生；你砸他们，说明你很正直善良，有跟坏人做斗争的勇气，应该奖励你啊！"

听了陶行知的话，王友感动极了，他流着眼泪后悔地说："陶……陶校长，您……您打我两下吧！我错了，我砸的不是坏人，而是自己的同学呀……"

陶行知满意地笑了，他随即掏出第四块糖果递过去，说："为你正确地认识错误，我再奖给你一块糖果，可惜我只有这一块糖了，我的糖完了，我看我们的谈话也该完了吧！"说完，就走出了校长室。

教师在教育学生时要讲究方法，怒对学生拍桌、打椅，甚至体罚，会使学生的"大衣裹得更紧"；相反，采取和风细雨"南风"式的教育方法，则会轻而易举地让学生"脱掉大衣"，达到教育的目的。

乔·吉拉德是吉尼斯世界纪录大全认可的世界上最成功的销售人员，他认为，卖汽车，人品重于商品。一个成功的汽车销售人员，肯定有一颗尊重普通人的爱心。他的爱心体现在他的每一个细小的行为中。

有一天，一位中年妇女从对面的福特汽车销售商行，走进了吉拉德的汽车展销室。她说自己很想买一辆白色的福特车，就像她表姐开的那辆福特车一样，但是福特车行的经销商让她过一个小时之后再去，所以先过这儿来瞧一瞧。

"夫人，欢迎您来看我的车。"吉拉德微笑着说。

妇女兴奋地告诉他："今天是我55岁的生日，想买一辆白色的福特车送给自己作为生日礼物。"

"夫人，祝您生日快乐！"吉拉德热情地祝贺道。随后，他轻声地向身边的助手交代了几句。

吉拉德领着夫人从一辆新车面前慢慢走过，边看边介绍。在来到一辆雪佛兰车前时，他说："夫人，您对白色情有独钟，瞧这辆双门式轿车，也是白色的。"

就在这时，助手走了进来，把一束玫瑰花交给了吉拉德。他把这束漂亮的花送给夫人，再次对她的生日表示祝贺。

吉拉德的举动奏效了，那位夫人感动得热泪盈眶，非常激动地说："先生，太感谢您了，已经很久没有人给我送过礼物了。刚才那位福特车的推销商看到我开着一辆旧车，一定以为我买不起新车，所以在我提出要看一看车时，他就推辞说需要出去收一笔钱，我只好上您这儿来等他。现在想一想，也不一定非要买福特车不可。"

最后她在吉拉德这儿买走了一辆雪佛兰，并写了全额支票，其实从头到尾吉拉德都没有劝她放弃福特而买雪佛莱。只是因为她在这里感受到了重视和关心，于是放弃了原来的计划，转而选择了吉拉德的产品。

这位中年妇女本来不打算买吉拉德的产品，因为吉拉德很会懂得关心客户，使客户感受到了温暖，所以，这位中年妇女才愉快地选择吉拉德的产品。可见，只要你付出真诚，让对方感受到你的关心，就能赢得对方的信任，从而接受你提出的建议。

因此，在遭到拒绝或不利于自己的情况时，不妨巧施"南风法则"，用真诚、爱心温暖对方，让他变拒绝为接受。

说服小贴士

　　南风法则运用到管理实践中，要求管理者要尊重和关心下属，时刻以下属为本，多点"人情味"，多注意解决下属日常生活中的实际困难，使下属真正感受到管理者给予的温暖。这样，下属出于感激就会更加努力积极地为企业工作，维护企业的利益。

巧用激将法，对逆反心理最有效

假如我们激励我们所接触的人，让他们知道自己潜藏着的能量，那我们所做的不只是改变他们的意志，而是改变了他们的命运。

——戴尔·卡耐基——

激将法是指掌握被激励者的心理，狠狠地泼上一盆冷水，狠狠打击一下对方的情绪。这样，被激励者往往会在愤怒之下迸发出本身拥有但是一直隐藏着的力量。

在生活中，有些人是好言相劝他不听，这时候我们就有必要采取非正常的手段——激将法来进行说服。

明德橡胶厂进口了一整套价值200万元的现代化胶鞋生产设备，由于原料与技术力量跟不上，搁置了4年无法使用。后来，新任的刘厂长决定将这套生产设备转卖给另一家橡胶厂（广元橡胶厂）。

正式谈判前，明德橡胶厂方了解到广元橡胶厂方的两个重要情况：该厂经济实力雄厚，但基本上都投入了再生产，要马上腾挪200万元添置设备，困难很大；该厂的姜厂长年轻好胜，几乎在任何情况下都不甘示弱，甚至经常以拿破仑自诩。

对内情有所了解后，刘厂长决定亲自与广元橡胶厂的姜厂长进行谈判。

刘厂长："昨天我在贵厂转了一整天，详细地了解了贵厂的生产情况。你们的管理水平确实令人信服。你年轻有为，能力非凡，真让人钦佩。"

姜厂长："哪里哪里，刘厂长过奖了！我年轻无知，恳切希望得到刘厂长的指教！"

刘厂长："我向来不会奉承人，实事求是是我的本性。贵厂今天办得好，我就说好；明天办得不好，就会说不好。"

姜厂长："刘厂长对我厂的设备印象如何？不是说打算把你们进口的那套现代化生产设备卖给我们吗？"

刘厂长："贵厂现有生产设备，在国内看，是可以的，至少三五年内不会有什么大的问题。关于转卖设备之事，我有两个疑问：第一，我怀疑贵厂没有经济实力购买这样的设备；第二，我怀疑贵厂没有或者说不能招聘到管理、操作这套设备的技术力量。"

姜厂长听到这些，觉得受到了刘厂长的轻视，十分不悦。于是，他用炫耀的口气向明德橡胶厂的刘厂长介绍了本厂的经济实力和技术力量，表明本厂有能力购进并操作管理这套价值200万元的设备。

经过一番周旋，明德橡胶厂成功地将"休养"了4年之久的设备转卖给了广元橡胶厂。

在谈判中，这是一个典型的运用激将法的案例。刘厂长的激将法之所以成功，就在于他提前做好了调查，清楚姜厂长是个年轻好胜的人。激将法在争强好胜的人面前，往往更容易突显效果；而对于含蓄内敛、自卑感强的人来说，效果却不太明显。

换句话说，激将法之所以有效，是因为它往往能激起对方的愤怒感、羞耻感、自尊心、嫉妒心和虚荣心，让对方为了面子，做他平日里不敢做或不愿做的事情，做成他在一般情况下做不成的事情。

比如，一位女士在挑选一套化妆品时，对某种牌子的化妆品较为中意，但又犹豫不决，这时，销售人员可以适时说一句："要不征求一下您先生的意见再做决定吧？"这位女士一般会回答："我自己可以做主，这事不用和他商量。"

某单位一位部门经理很想购买一台当前最新式的电脑，但又担心上司批评，所以交易一直谈不成。与他洽谈的销售人员多次告诉他："486型电脑早就过时了……"但任凭销售人员口沫横飞，这位部门经理就是不为所动。

经过再三考虑，这位销售人员决定用激将法好好刺激该部门经理一下。他想，也许该经理会为了保全面子把害怕上司批评这回事抛到脑后。于是，这位销售人员走进部门经理的办公室，用力拍他的486型电脑，并且大声说："T型福特，这叫T型福特。""什么叫T型福特？"这位经理问销售人员。"T型福特轿车是福特公司当年风靡一时的名车，不过早就过时了，就像这台486型电脑。现在谁还用这种古董？实在是太落伍了！"

激将法果然产生了神奇的效果。两天后，该部门经理购买了当前最一流的电脑设备。

使用激将法时，一定要注意以下几点：

第一，要因人而异。在运用激将法时，一定要注意区分对象，要根据不同性格的人因人施法，对症下药，绝对不能滥用，否则会适得其反。

第二，要注意把握时机。运用激将法还要看准时机，如果出言太早，时机不成熟，就会严重打击对方的信心，出言太迟，就又变成了"马后炮"，不能起到应有的效果。

第三，要拿捏好分寸，防止过犹不及。在使用激将法时，除要注意因人而异和把握机会外，还要拿捏好分寸。如果不痛不痒，那就是隔靴搔痒，但如果言语过于尖刻，又会让对方产生反感。

说服小贴士

使用激将法之前，一定要深入分析对方的性格特点以及时间、场合等。同时，在交谈之前最好能够在心中打好腹稿，以免临时组织起来的语言出现过激的情况。

晓以利害，让对方不再拒绝

> 趋利避害是人类行为的基本规则，由于每个人都企图在交换中获取最大收益和减少代价，所以交换行为本身变成得与失的权衡。
>
> ——霍曼斯

趋利避害是人类的本能。中国人常说："两利相权取其重，两害相权取其轻。"我们在说服别人的时候，如果能顺应人的这一本性，只要我们说明某些做法的好处或弊端，往往就会收到想要的效果。

提到李宁，我们自然会想到那个创造了世界体操史上的"体操王子"神话，但是在他即将退役的时候，"体操王子"却迎来了人生的重大抉择，他可以继续自己的事业，到广西体委任职，或是到国家队当教练，也可以进击演艺界，走上明星偶像之路。

当时健力宝公司的总裁向李宁发出了邀请，想让他加盟。两个人会面后，对方先谈起一个美国运动员退役后成功创办自己体育品牌的历程，李宁若有所思。然后，当李宁提出想要创办一所体操学校时，这位总裁说："这是一个好想法，当然你可以靠国家拨款资助，但是想必会遇到一些困难，还不如自己创条路子，比如，就搞李宁牌运动服，等到赚了钱，你想办体操学校，莫说是一所，就是办十所也不在话下。"

听了这番话，李宁为之一动。这时对方继续说："我那时创业走了不少弯路，你要是从零开始，那实在太难，还不如到我们公司来，健力宝需要你这样的人，也能帮助你实现自己的理想，我相信只要我们携手合作，绝对不会是1+1这样简单的算术。"

这样一席话终于让李宁下定决心加入健力宝，后来李宁果然成功创办了以自己名字命名的运动品牌。

健力宝总裁正是说出了能打动李宁的"利"，并晓之以理，才成功地说服了他。

"天下熙熙，皆为利来；天下攘攘，皆为利往。"在我们说服对方时，如果双方所追求的利益是一致的，那么说服过程就会很顺利，最终可以得到令双方皆大欢喜的结果。这好比是乘船在大海中航行，在遇到海浪袭击的时候，船上的人都会齐心协力，同舟共济地避免祸患的侵袭，而求生就是他们共同的利益。但是如果双方的利益不一致，那么他们就会坚守自己的利益，互不相让，最后很有可能出现两败俱伤的结果。但是，无论双方再怎样针锋相对，也都可以找到互惠互利的方面。只要找到双方的共同利益，那接下来的说服工作就会变得很简单。

原一平去拜访一位退役军人，军人有军人的脾气，说一不二，刚正而固执。如果没有让他信服的理由，讲得再多也是白费心机。所以，原一平对他说："保险是必需品，人人不可缺少。""年轻人的确需要保险，我就不同了，不但老了，还没有子女。所以不需要保险。""你这种观念有偏差，就是因为你没有子女，我才热心地劝你参加保险。""道理何在呢？""没有什么特别的理由。"原一平的答复出乎军人的意料。他露出诧异的神情。"哼，要是你能说出令我信服的理由，我就投保。"原一平故意压低音调说："我常听人说，为人妻者，没有子女承欢膝下，乃人生最寂寞之事，可是，单单责怪妻子不能生育，这是不公平的。既然是夫妻，理应由两个人一起负责。所以，当丈夫的，应当好好善待妻子才对。"原一平接着说："如果有儿女，即使丈夫去世，儿女还能安慰伤心的母亲，并担起抚养的责任。一个没有儿女的妇人，一旦丈夫去世，留给他的恐怕只有不安与忧愁吧，你刚刚说没有子女所以不用投保，如果你有个万一，请问尊夫人怎么办？你赞成年轻人投保，其实年轻的寡妇还有再嫁的机会，你的情形就不同喽。"

那名退役军人默不作声，一会儿，他点点头，说："你讲得有道理，好！我投保。"

"避害"是人的本性，因为避害可以减少损失，可以预防危机，这在某种意义上就是"趋利"。有时候，"以害唬人"要比"以利诱人"更有说服力。原一平正是利用了这一点，说明了这位退役军人不买保险的后果，让对方意识到了潜在的危机，最终说动了对方。

战国时期鲁哀公大兴土木，规模空前。公宣子第一次劝阻："房舍过大，多住人则喧闹，少住则空旷，望酌量。"哀公不听。第二次劝阻："鲁国弱小而住室很大，百姓知道了，会怨恨我君；诸侯知道了，又会轻视嘲笑我国。"哀公仍建造不停。公宣子第三次劝阻道："左边右边都是先祖之庙，在中间兴建又多又大的房舍，恐怕有害于吾君。"哀公一听，马上命令拆除筑板停止兴建房舍。

公宣子前两次没有成功，而第三次成功的原因就是古人最害怕先人之庙作祟，这事关重大，怎能不听？于是下令停止兴建。前两次提出的理由对鲁哀公来说无关痛痒，什么喧闹、空旷，什么百姓、诸侯都打动不了他的心。

说服小贴士

面对别人的拒绝，说服高手总是善于利用人"趋利避害"的本性，让对方不再拒绝。

将计就计，针对拒绝合理解释

> 首先要把一切不可能的结论都排除，那其余的，不管多么离奇，难以置信，也必然是无可辩驳的事实。或许剩下的是几种解释，如果这样，那就要一一地加以证实，直到最后只剩下一种具有充分根据证明的解释。
>
> 阿瑟·柯南·道尔

在我们遇到拒绝意见时，我们不妨使用将计就计的方法。比如，客户说"我对保险没兴趣"，销售高手则会说"您说您对保险没兴趣，那没关系，因为您事业忙，可能对事业以外的事没兴趣，我可以义务帮您参谋，其实保险的确是没兴趣时才买得到，感兴趣时就买不到了，所以现在正是您买保险的好时机"。接着销售人员开始解释，最后慢慢地让对方频频点头，之后决定购买。

比如，客户说"我没有钱"，销售高手则会说"那没关系，我能体会您的立场，您现在没钱，我想您也不希望自己将来没钱。所以从现在开始请您每天节约一部分……想想当时发行股票认购时大部分人都说没钱买，现在看买的人全发了。如果大家知道，当时借钱也要买。我们的险种是老少皆宜，丰俭由人，有钱多买，钱少就少买，您看是3份还是5份比较合适呢？"这样的话对方听了怎能不动心？！

许多人在说服别人时，都喜欢证明自己是百分之百的正确，而对方的所有观点都是错误的。其实，说服高手总是先承认对方的拒绝意见，然后以

“是的……但是”这种方式说服对方。

俄国十月革命取得了胜利，象征沙皇反动统治的皇宫被革命者视为“眼中钉”，欲除之而后快。

一天夜里，许许多多参加革命的农民打着火把喧嚣着从四面八方涌向皇宫，准备将这座举世闻名的皇宫付之一炬，以泄他们多年来压抑心头的怒火。

一些明智的革命者认识到此举的错误性，因此极力劝阻激愤的人群勿要鲁莽行事，但无济于事。

就在这关键时刻，列宁赶到了现场。他在了解清楚情况后，面对一脸激愤的人们，他很恳切地说：“同胞们，皇宫是可以烧的，但是在焚烧它之前，能不能听我说几句话呢？”

人们见列宁同意他们烧皇宫，逐渐安静下来，又听列宁要说几句话，都齐声说：“说吧！说吧！”

列宁大声问：“你们知道皇宫里面住的是谁吗？”

现场的人们当然知道这个问题，齐声回答道：“是沙皇，统治我们、奴役我们的人。”

列宁又问：“那它又是谁建造的呢？”

“是人民群众，是我们！”人群中高声回应。

“那好，既然是我们人民群众修建的，那让我们人民代表去住，你们说怎样呀？”

现场的人们愣了愣，随后大声说：“可以！”

列宁又问：“那你们现在还要烧它吗？”

“不烧了，不烧了，留着给人民代表住！”人们异口同声地回答。

就这样，在列宁的循循善诱下，这座举世闻名的建筑才得以被保存了下来。

在这个过程中，列宁并没有强硬地阻止人们，而是顺着对方的观点，进行了合理解释，以理服人，让人们意识到自己真正想要的答案，最后人们主动放弃烧毁皇宫。

因此，当对方拒绝你的要求时，我们可以先顺着对方的观点，然后进行合理解释，让对方重新认识自己真正的答案，从而变拒绝为接受。

说服小提示

将计就计，出自《张子房圯桥进履》，表示利用对方所用的计策，反过来对付对方。

旁敲侧击，从侧面突破对方的防线

最曲折的路有时最简捷。

——孚希特万格

旁敲侧击，比喻说话、写文章不从正面直接点明，而是从侧面曲折地表明观点或加以讽刺、抨击。很多时候，我们如果从正面去问，有可能被拒绝。所以，这个时候最好的办法就是从侧面入手，通过旁敲侧击的方式，让对方慢慢地说出你想要的答案。

在汉武帝年间，雍州有个叫曹迟的小吏，因为头脑精明、办事麻利，深得县令的欣赏，被升为雍州一个县的县尉，辅助县令处理政务。

曹迟刚到县城时就听到百姓在街头巷尾对政务议论纷纷，于是他乔装打扮成过路客商，深入百姓之中调查。原来百姓们都在说原来的县尉只做了短短的半年，就因为性格直率、经常顶撞县令而被县令找了个借口给革职查办了。再仔细打探一番，才知道自己的上司很不得人心。县令虽然为官清廉，但是能力有限，而且碌碌无为，经常出现错判事件。百姓们有苦难言，只能在嘴上出气。

了解了这些情况后，曹迟走马上任了。没几天时间，曹迟就发现县令断案漏洞百出，经常把好人当成坏人，把坏人当成好人。曹迟想：我若直接说出他的不对，很容易得罪县令，到时候自己下台了，宏图之愿就无法实现了；可是如果一切都顺着县令，这又不符合自己做人的原则。这让他一时陷入了两难的境地。

　　不过曹迟是个聪明人，他想到了一条妙计：糊涂之中隐藏大智慧。于是曹迟表面上也装着稀里糊涂、顺着县令，不过暗地里却旁敲侧击地给县令一些提示，等县令自己得出结论后，曹迟则称赞县令的英明。

　　没过多久，县令在曹迟的辅佐下，犯的错误越来越少。百姓们又议论开了，都说是曹迟的到来才使得不再有冤假错案的发生。一年之后，曹迟被提拔为县令。

　　曹迟的聪明之处在于，他吸取了前任县尉的教训，没有越俎代庖，也没有直接提意见，与县令争辩和理论。他懂得在糊涂之中旁敲侧击，向县令提出独到而正确的见解，不仅没抢了上司的风头，让上司难堪，还让上司觉得自己真的很英明。他因此避免了重蹈前任县尉覆辙的下场，收到了良好的效果。

　　因此，在与人交谈的时候，当你处于被动状态或者遭到拒绝时，就要避开正面冲突，采取侧面出击的策略。这就好比两军交战，在你被动的情况下，最好的办法就是避免与对方正面硬碰硬，采取从侧面突破的办法，打开对方的话匣子。

　　接下来我们一起看两个对话。

　　对话1：

　　A："你结婚了吗？"
　　B："这个问题，我不想告诉你。"

　　对话2：

　　C："周末有没有和朋友一起出来玩？"
　　B："有啊，我和朋友一起逛商场了。"
　　C："我想是你老公吧？呵呵。"

B："还不是呢，是男朋友。"

对话1中的直接提问，没有得到答案。婚姻问题是一个人的隐私，直接提问不仅得不到你想要的答案，还会引起对方的反感。对话2通过从侧面入手，旁敲侧击，更有利于诱导出你想要的答案。

因此，在说服他人的过程中，当遇到拒绝意见或者处于被动状态时，你最好从侧面突破，旁敲侧击，攻破对方的防线。

说服小贴士

面对一个观点与人相左又比较固执的人，如果正面提问不能起到作用，那么不妨采用假设性的提问旁敲侧击，这样往往会获得意想不到的答案。

以静制动，一举扭转败势

在激烈的辩论之中存在着艺术，在无声的沉默当中艺术同样存在。

西塞罗

在双方的对峙中，如果你的竞争对手一直在采取行动，你也一直在动，那么你的胜算就会很小。相比较而言，假如你动得少一些，在对方动的时候，观察态势，你就会更多地了解对方，从而能够做到制动，即把你的劣势转为优势，从而更快速地赢得对方。这就是以静制动的策略。在谈判中使用此策略，效果非常有效。

刘涛是个谈判高手，每次公司有重要的谈判，他都是作为主力出现在谈判桌上。让很多同事想不通的是，即使再困难的谈判，刘涛都会扭转局面，而且还会反败为胜。

一次，刘涛代表公司与一位合作厂商谈判。刘涛的公司主要经营机床零件，通常情况下，他们公司都有固定的合作单位。然而这次的订单很急，固定的合作单位生产力已经不足，所以，他们需要寻找更多的合作伙伴。刘涛的领导经过多次考察，觉得这个工厂还是不错的。刘涛的谈判任务就是和对方确定合作的条件，以合同的形式约定利润分成；重要的是在保证质量的前提下，争取最大利润，压低价格。

坐在谈判桌上，刘涛气势逼人，使得对方年轻的厂长都不敢直视他。在一番开场白之后，厂长报出了价格，并且阐述了这个报价的详细资料。这时，他原以为刘涛会马上压价，不想，刘涛却不动声色地说："这个报价单中，有几项成本还可以控制。"说完，刘涛就静静看着对方。对方厂长心里自然有数，他们在定报价的时候也是考虑利润的，所以有些成本控制比较松。没想到，刘涛一眼就看出来了，厂长心里有些发虚。他做出解释，并且承诺降低价格。刘涛冷冷地说："这个事情简单，那就现在再做一份报价单吧，我只想要最低报价。"20分钟后，厂长又给出一个报价，刘涛看了看，摇摇头，没说话。厂长一咬牙，说："这样吧，在现在的报价基础上再降低六个百分点，这真的没有任何空间了。"这时，刘涛露出了满意的微笑，顺利签约了。

在说服的时候，要学会以静制动：世上只有一种方法能让一个人从争辩中获得最大的利益，那就是停止争辩。在说服者和说服对象之间，谁能够沉得住气，谁就抢占了先机，也就可以掌控整个事情的发展方向。

沉不住气的人，在冷静人的面前，往往会以失败告终，因为急躁的心情控制了他们的头脑，使他们不能冷静地思考，没有时间来考虑自己的处境和地位，更不会坐下来认真思索真正的对策。

美国大发明家爱迪生发明了自动发报机之后，他想卖掉这项发明以及制造技术，然后建造一个实验室。因为不熟悉市场行情，不知道能卖多少钱，爱迪生便与夫人米娜商量。米娜也不知道这项技术究竟能值多少钱，她一咬牙，发狠心地说："要2万美元吧，你想想看，一个实验室建造下来，至少要2万美元。"爱迪生笑着说："2万美元，太多了吧？"米娜见爱迪生一副犹豫不决的样子，说："我看能行，要不然，你卖时先套商人的口气，让他出个价再说。"

当时，爱迪生已经是一位小有名气的发明家了，美国的一位商人听说这件事后，表示愿意买下爱迪生的自动发报机发明制造技术。在商谈时，这位商人问到价钱。因为爱迪生一直认为要2万美元太高了，不好意思开口，于是只好沉默不语。

这位商人几次追问，爱迪生始终不好意思说出口，他的爱人米娜上班没有回来，爱迪生甚至想等到米娜回来再说。最后，商人终于耐不住了，说："那我先开个价吧，10万美元，怎么样？"

这个价格非常出乎爱迪生的意料，爱迪生大喜过望，当场不假思索地和商人拍板成交。后来，爱迪生对他的妻子米娜开玩笑说："没想到晚说了一会儿就赚了8万美元。"

成为一名说服高手，不一定要伶牙俐齿，但要懂得攻心策略，懂得什么时候该说，什么时候不该说，尤其要知道，什么时候闭嘴。因此，当急于去说服某个人的时候，我们一定要沉住气，摆出从容不破的姿态，学会以静制动。

说服小贴士

说服的过程就像谈判、辩论，不仅要在口头上赢得上风，还要在心理上给对方造成压迫。当遭到对方的拒绝时，适当地采取以静制动的策略，就会使情况峰回路转。

35种方法，让你的沟通更有效

1. 多赞美对方的行为而非个人。

2. 客气话是表示你的恭敬和感激，要适可而止。

3. 如果对方是经由他人间接听到你的称赞，比你直接告诉本人更多了一份惊喜。

4. 如果是批评对方，那么千万不要透过第三者告诉当事人，避免添油加醋。

5. 面对别人的称赞，说声谢谢就好。

6. 有欣赏竞争对手的雅量，就算不认同，也要学会尊重。

7. 除非你们有一定的交情或信任基础，否则不要随意提出批评。

8. 避免交浅言深。

9. 批评也可以悦耳，如"关于你的……我有些想法，或许你可以听听看"。

10. 避免打着对对方好的名义，说伤害对方的话。

11. 提意见的时间点很重要。

12. 注意场合，不要当着外人的面批评自己的朋友或同事。

13. 提出批评之外，最好提供正面的改进建议。

14. 不要总是否定别人的话，比如，"不对吧，应该是……""不是这样"。

15. 别人自嘲的时候不要附和,比如,女生说自己胖,你说"是啊,哈哈哈"。

16. 多以"你"开头,少用"我"开头的句子,不要一直大谈特谈自己的感受和经历。

17. 在聊天时首先问问对方的情况,让对方主动分享,会让人觉得你友善得多。

18. 文明用语,少说脏话。

19. 敢于自嘲的多是高水平的人,把自己摆在低位置是内心真正自信的人才做得到的事。

20. 跟人说话时不要凑得太近。

21. 多注意口腔卫生。

22. 跟人交谈时避免一些小动作,姿态和气质也是交往的重点。

23. 在行事时换位思考,设身处地把自己当作对方,想想怎样让人觉得最舒服。

24. 很多人一起聊天时,多照顾那个和大家最不熟的人。

25. 对保洁阿姨、出租车司机还有服务员多说一句"谢谢你"总是没错的。

26. 在自己为别人做了牺牲奉献或是受了委屈的时候,忍耐住想要告诉对方的冲动和想要让对方自责愧疚的欲望,这点真的很难,但是忍耐住就好。

27. 在谈话中保持微笑,在觉得赞同的时候点头。

28. 用微笑拒绝回答私人问题,既不会让对方难堪,又能守住你的底线。

29. "有一说一"和"自以为是"不同,别把粗鲁当成真性情。

30. 不随意打断别人的谈话,倾听并适当给予反馈。

31. 开玩笑应掌握分寸,分时分地。

32. 即使产生分歧,也不要急于反驳,而要先让对方表达清楚。

33. 忌讳之事绝口不提,避免谈论别人的忌讳点,以免造成对方的误会,伤害他的自尊。

34. 尽量不要参与八卦。

35. 梳理好头发,整理好衣领、袖口、裤脚,素净、大方得体,就是对对方最好的尊敬。

测测你的说服影响力

总会有一些朋友抱怨自己遇到了人际关系的阻碍。其实,很多时候不是关系出了问题,而是沟通出了问题。

你有没有想过,为什么有些人在我们眼里是那样的具有魅力,让我们不由自主地想赞同他、支持他?为什么有些人可以把人际关系处理得那么好?为什么我们不行?这其中有什么奥秘?我也可以做到吗?答案是肯定的。

感染别人、说服别人本来就是心理学中可以学习的技巧。想知道自己的影响力在哪个水平吗?想知道自己是天生的说服家还是盲从者?接下来你可以先做一个专业的影响力测试。这个测试将会帮助你得到答案。(请自行记下每道题你的选项,全部答完后在文章末尾查看答案。)

1. 在哪种情况下,人们更有可能被缺乏说服力而不是更具有说服力的证据所说服?

A. 赶时间

B. 对该话题根本不感兴趣

C. 对该话题的兴趣一般

D. A和B

2. 假设你正试着将拥有3种不同价位的同一种商品（经济型、普通型、豪华型）推销给客户。在哪种情况下，你的销售额会更高?

A. 从价格最便宜的商品开始，然后向上销售

B. 从价格最贵的商品开始，然后向下销售

C. 从价格适中的商品开始，然后让顾客自己决定需要买哪一种

3. 人们对政治竞选进行了多年的跟踪调查，结果表明，最有可能赢得胜利的候选人是哪一种?

A. 外表最有吸引力的候选人

B. 制造大量负面的或带有攻击性的新闻来防御竞争对手的候选人

C. 拥有最有活力、最卖力的志愿者的候选人

4. 研究表明，通常情况下，自尊与被劝服之间的关系是怎样的?

A. 自尊心不强的人最容易被说服

B. 自尊心一般的人最容易被说服

C. 自尊心强的人最容易被说服

5. 假设有一位政治候选人最近刚刚失去民众的信任。不幸的是，你是这位候选人的竞选班子的负责人。如果这位候选人欲借严厉打击犯罪重树他的声望，你认为在他开始下一站宣传时，哪一个选项是最好的方式?

A. 我的对手在打击犯罪方面做得很不够……

B. 很多民众支持我打击犯罪的意愿，而且他们相信我有这个能力……

C. 虽然我的对手在打击犯罪方面有着不俗的表现……

6. 假设你是一位理财顾问，你认为你的一位顾客在投资方面太过保守。为了说服他投资风险较高、回报也较高的项目，你应该注重讲述什么？

A. 与他相似的人是如何犯同样的错误的

B. 如果他在那些风险更大的项目上投资，他会得到什么

C. 如果他没有在那些风险较大的项目上投资，他会失去什么

7. 研究表明，陪审员最有可能被以下哪种人说服？

A. 讲话简明易懂的证人

B. 讲述时使用令人难以理解的术语的证人

C. 讲述的内容有说服力的证人

8. 如果你有一则新消息，你会在什么时候说出它是新消息？

A. 在讲述这则消息之前

B. 在讲述这则消息当中

C. 在讲完这则消息之后

D. 你不会提到这是一则新消息

9. 假设你正在介绍你的方案，而且你马上就要讲到关键内容了，这一部分包括那些极具说服力的用以支持你观点的论据。请问，讲到这一部分时，你的语速会有多快？

A. 你的语速特别快

B. 你的语速稍微快一点

C. 你的语速适中

D. 你的语速很慢

10. 社会心理学的研究表明，6个最基本的影响他人的原理是什么？

A. 热情、愉悦、不和谐、回忆、关注、正面联想

B. 参与、调整、催眠、反射、原型、潜意识的说服

C. 一致、权威、互惠、喜好、社会认同、短缺

正确答案：

1	2	3	4	5	6	7	8	9	10
D	B	A	B	C	C	B	A	D	C

结果分析：

答对了8～10个问题，你绝对是一个让人顺从的天才。没有什么可以教给你的了。

答对了6～8个问题，说明你的说服力令人印象深刻。

答对了4～6个问题，说明你很擅长说服他人，但你需要继续学习以提高你的说服技巧。

答对了2～4个问题，说明你需要采取一些改进措施。

答对的问题少于3个，我想说的是，如果我有一些房产，我很愿意向你推销。

所有曾经努力过的人都应该懂得，个人的力量太过渺小，就算我们有再出色的想法，再高远的目标，如果不能成功说服有力的帮手支持我们，如果不能通过领袖的核心力量使其成为整个团队中每一个成员的想法和目标，如果不能感召大家一起去努力，我们的梦想永远是空想。

如果我们不会沟通、不会说服、不会感染别人，我们在很多事情上都是十分无力的。爱情是，事业也是，影响力的缺乏会让我们的各种关系受到阻碍。